PROGRÁMATE PARA EL ÉXITO

CRISTÓBAL PÉREZ BERNAL

PROGRÁMATE PARA EL ÉXITO

Solo TÚ puedes decidir quién eres hoy, y lo más importante, quién serás mañana

Nota a los lectores: Esta publicación contiene las opiniones e ideas de su autor. Su intención es ofrecer material útil e informativo sobre el tema tratado. Las estrategias señaladas en este libro pueden no ser apropiadas para todos los individuos y no se garantiza que produzca ningún resultado en particular. Este libro se vende bajo el supuesto de que ni el autor, ni el editor, ni la imprenta se dedican a prestar asesoría o servicios profesionales legales, financieros, de contaduría, psicología u otros. El lector deberá consultar a un profesional capacitado antes de adoptar las sugerencias de este, la integridad de la información o referencias incluidas aquí. Tanto el autor, como el editor, la imprenta y todas las partes implicadas en el diseño de portada y distribución, niegan específicamente cualquier responsabilidad por obligaciones, pérdidas o riesgos, personales o de otro tipo, en que se incurra como consecuencia, directa o indirecta, del uso y aplicación de cualquier contenido del libro.

Este libro no podrá ser reproducido, ni total ni parcialmente, sin previo permiso escrito del autor. Todos los derechos reservados.

Título: *Prográmate para el éxito*
© 2019, Cristóbal Pérez Bernal

Autoedición y Diseño: 2019, Cristóbal Pérez Bernal

Primera edición: julio de 2019
ISBN-13: 978-84-09-13856-2
Depósito legal: 31687448A

www.cristobalperez.es
www.programateparaelexito.es
www.latrilogiadelexito.com

La publicación de esta obra puede estar sujeta a futuras correcciones y ampliaciones por parte del autor, así como son de su responsabilidad las opiniones que en ella se exponen.

Quedan prohibidas, dentro de los límites establecidos por la ley y bajo las prevenciones legalmente previstas, la reproducción total o parcial de esta obra por cualquier medio o procedimiento, ya sea electrónico o mecánico, el tratamiento informático, el alquiler o cualquier forma de cesión de la obra sin autorización escrita de los titulares de copyright

Por qué continuar descubriendo la vida de Toni y Ángel...

Tienes en tus manos un libro que puede cambiar tu vida. Estás a punto de leer una novela que incluye un manual de programación para el éxito asegurado. Te ayudará a profundizar en el conocimiento de los principios aprendidos en *La carta del éxito* y a llevarlos a cabo en tu propia vida.

He podido comprobar que esta programación realmente funciona, que puede cambiar la vida de cualquier persona, y lo sé no solo porque me ha sucedido a mí, sino porque también ocurrió en la vida de todos mis mentores y otras personas de éxito que he podido estudiar a lo largo de mi vida.

El éxito deja huellas, yo las seguí todas, y las he recopilado en este manual de programación hacia el éxito.

Estoy convencido de que TÚ también puedes hacerlo si así lo deseas y sigues las enseñanzas de los mentores que conocerás a lo largo de esta historia, en la que Toni, de manera definitiva, programa su vida para el éxito...

Y TÚ, ¿has decidido cambiar tu programación?

¿Comenzamos?

*El que ha alcanzado el éxito es aquel que
ha vivido bien,
ha reído a menudo,
y ha amado mucho.*

Anónimo

Volví al salón con una sonrisa en mi rostro y la carta en mi mano, por fin me había atrevido a abrir aquel sobre que tanto tiempo había pasado de cajón en cajón. Siempre lo guardaba con la certeza de que jamás tendría fuerza para abrirlo, ahora, por fin, me alegraba de haberlo abierto y mucho más de saber todo lo que contenía.

Pero al llegar al salón, mi sonrisa desapareció... al igual que él.

Mi hermano no estaba, y aunque lo llamé por su nombre un par de veces, al mirar a la mesa descubrí que se había marchado de casa. No necesité buscar más, ni volver a llamarle, lo que había dejado allí colocado lo decía todo, Ángel se había ido. En su lugar, sobre la mesa, estaban los dos elementos que hasta ese momento más habían marcado mi vida, más contradicción habían supuesto para mí y en una u otra dirección podrían haber cambiado mi pasado... aquel que creí haber dejado atrás, tan solo hacía unas horas.

Me descubrí de nuevo solo y las dudas y el miedo volvieron a atraparme. La soledad, el silencio de aquella fría casa, borraron nuevamente la felicidad de mi alma... y, sobre la mesa, mi arma junto a una nueva carta, esta vez un pequeño escrito de puño y letra del ángel que vino a salvarme...

Hermano, no sabes cuánto me alegro de haber podido compartir la lectura de la carta contigo, me has ayudado a comprender aún más cada uno de los principios que recoge. Has demostrado que, tal y como me contaron, eres una gran persona y tienes un potencial inmenso que aún guardas en uno de los cajones de tu alma, al igual que guardaste por tanto tiempo la carta de papá y mamá.

Por fin tienes en tus manos TU CARTA y podrás llegar a comprender todo lo que hace tanto tiempo papá y mamá te intentaron enseñar... Pero ahora que ya conoces los principios, soy yo quien te hago una propuesta...

Te prometí que te acompañaría en el proceso y así lo haré, aunque no siempre esté a tu lado jamás volverás a estar solo. A cambio, únicamente te pido una cosa, que CONFÍES, que CREAS EN TI, en todo lo que hemos aprendido, y lo más importante, en todo lo que vas a SER, porque si ahora vuelves a abrir la puerta de tu casa a la persona que pronto estará llamando a ella, te aseguro que en menos de lo que piensas serás aquello que te propongas, serás quién viniste a ser, **estarás programado para el éxito** y nada ni nadie podrá impedirlo.

Por otro lado, Toni, junto a este papel tienes tu arma, la misma con la que casi te quitas la vida, ella te permitirá alcanzar otro final, que te adelanto será mucho más fácil que el que yo te propongo, pero también mucho menos divertido. Ella te impedirá descubrir lo maravillosa que puede llegar a ser tu existencia, la vida que esconde la luz del sol, las emociones que decidiste no sentir, el amor que aún guardas en tu interior, aunque un día creíste abandonarlo a miles de kilómetros... ella está ahí y te muestra lo que fuiste. Yo, con este pequeño escrito, te muestro lo que podrás ser y te animo a darte otra oportunidad, no obstante, si aún no crees que esto que te propongo pueda llegar a tu vida, probablemente sea ella tu mejor elección... continuar lo que habías empezado, tu suicidio, será tu mejor salida de la partida... Si por el contrario decides continuar en el juego, tu siguiente tirada te llevará a un nivel superior...

Como siempre, TODO DEPENDE DE TI,

¿te atreves a abrir la puerta de nuevo?...

En ese mismo instante, volvió a sonar el timbre de mi puerta. Aquel sonido que jamás había escuchado antes volvía a sonar por segunda vez en el mismo día, aquel día en que mi vida tomó un nuevo rumbo, aquel día en que decidí abrir la puerta al ÉXITO.

Tras la puerta...

Como hipnotizado por la lectura de aquel escrito que me había dejado Ángel, me dirigí hacia la puerta con él en la mano, sin pensarlo, sin presuponer lo que me esperaba ni juzgar la actuación de mi hermano, aquella alma gemela a la que dejé de ver treinta años atrás. Tenía tan claro que quería continuar en la partida que él me había enseñado que fui totalmente decidido y abrí...

Pero con la misma rapidez que abrí la puerta la volví a cerrar. Dejé caer mi espalda en ella y un sudor frío comenzó a recorrer mi frente. ¿Qué había ocurrido? ¿Por qué regresaban a buscarme? Precisamente hoy, en el mismo instante que todo parecía tomar un nuevo rumbo, los fantasmas del pasado volvían a mí...

Esos fantasmas del pasado se presentaban en la puerta de mi casa en forma de hombre de color de casi dos metros de altura y tanto músculo en sus brazos como los que yo poseía en todo mi cuerpo.

Hacía ya tiempo que había zanjado parte de mi deuda con ellos, aquella casa de apuestas de Nueva York que casi acaba con mi vida. Con ellos perdí todo lo que había conseguido en Estados Unidos, me ganaron la partida en una sola noche...

Primero fue mi dinero, luego mi trabajo, mi casa y, por último, la mujer de mi vida; me extorsionaron de tal forma que, para zanjar mi deuda con ellos, tuve que huir y abandonar todo lo que había conseguido en años.

Dos tipos como el que ahora llamaba a mi puerta me secuestraron por unas horas y me regalaron una dosis tan alta de realidad que meses después mi vida había llegado a su fin, me ayudaron a descubrir la parte más oscura de mi ser y con ello unas ganas inmensas de marcharme, de dejar una vida que a nadie importaba, una vida que nada aportaba.

***

Corrí hacia la mesa a coger el arma, mientras, tras de mí, la puerta seguía siendo aporreada, pensé que ese gigantón podría derribarla en cuanto lo deseara, al igual que aquel lobo del cuento, con tan solo un soplido... El miedo volvía a ser mi principal aliado, qué poco me había durado mi nueva vida...

Ahí volvía a estar Toni, "El español", apuntando hacia la puerta con un arma que nunca debió haber comprado, pidiendo que le dejaran en paz, suplicando a gritos que le permitiesen vivir la vida que hacía unos instantes había comenzado a descubrir...

—¡Déjame, vete de mi casa! ¡Diles que ya zanjé mi deuda! ¡El plazo aún no ha cumplido! —intentaba razonar lo irrazonable para este tipo de mafias. Buscaba evitar aquella situación mostrando la realidad, diciendo la verdad, cuando la experiencia ya me había enseñado que para ellos solo existe una verdad, la del dinero.

—Ábreme, Toni.

—¡Vete, te estoy apuntando con un arma y como vuelvas a tocar la puerta te juro que disparo! —Sudaba por todos los poros de mi cuerpo, estaba totalmente contraído, en tensión, sosteniendo un arma de quinientos gramos con la fuerza con la que agarraría un cañón de cien kilos.

—Toni, de verdad, creo que te confundes.

—¡No! ¡Solo hace unos meses que os entregué cincuenta mil! ¿Por qué venís ahora? No es eso lo que acordamos, ¡el plazo no ha cumplido!

—Pero... —No le dejé acabar la frase.

—¡Te juro que si intentas entrar te dispararé! Habéis destrozado mi vida y ahora yo destrozaré la tuya si no me dejas, ¡vete! Y diles que cumpliré mi promesa, pero solo cuando llegue el momento.

—¡Tu deuda está zanjada! —creí oír gritar a aquel matón desde el otro lado del miedo—. ¡De verdad, Toni, estás confundido, ábreme!

—¡Qué dices, repíteme, dime quién eres, ¡qué quieres!

—No sabía qué me acababa de decir, no era capaz de asimilar su respuesta, no entraba en mi mente aquella extraña afirmación.

—Soy Robert, compañero de tu hermano Ángel, me envía para que pueda ayudarte, creo que me has confundido con alguien.

De pronto, comencé a asimilar lo que me había dicho y al mismo tiempo a relajar mis músculos y bajar el arma... ¿Compañero de Ángel? Además en ningún momento me habló en inglés y su castellano era perfecto, no tenía acento latino, podía ser verdad y no ser uno de esos matones que meses atrás me extorsionaron hasta casi acabar con mi vida.

—Si eres quien dices ser, ¿dónde está mi hermano?

—Ángel ha tenido que volver a España por motivos de trabajo, pero esto era parte de su plan, yo he estado esperando abajo en nuestro coche todo el tiempo que habéis estado hablando. Cuando él marchara yo tenía que venir a acompañarte durante un tiempo, pensé que te lo había dicho.

Mientras escuchaba, la relajación de mis músculos había ido en aumento y me descubrí arrodillado, con el arma aún entre los dedos. Y al ser consciente de esta posición, de la situación que acababa de vivir tras un día de tanta intensidad, volví a mirar el arma. Al pensar que era la segunda vez que casi acababa con la vida de una persona y que una de ellas podía haber sido la mía, comencé a llorar de manera desconsolada.

Y allí en el suelo, acompañado por mi soledad, un arma y un tipo al que no conocía de nada al otro lado de la puerta, me pregunté si algún día cambiaría mis lágrimas por risas…

PRIMERA PARTE...

Los Ángeles, Estados Unidos

CAPÍTULO 1

Robert

"Aunque haya religiones diferentes debido a distintas culturas, lo importante es que todas coinciden en su objetivo principal, ser buena persona y ayudar a los demás".

Dalai Lama

Me incorporé de mi derrota y guardando el arma en mi bolsillo abrí la puerta, era la tercera vez que la abría en ese día, pero la primera que realmente sabía qué me esperaba al otro lado.

En la primera ocasión encontré la luz, la que representó para mí mi hermano Ángel, que me hizo volver a la vida con su apoyo y el descubrimiento de "La carta"; en la segunda, quien me esperaba al otro lado de la puerta era mi pasado, cargado de odio, egoísmo, miedo y sufrimiento, y esta tercera vez abriría la puerta a mi futuro, a Robert, un buen amigo de mi hermano que solo podía venir a ofrecerme ilusión y optimismo, aquello de lo que nunca tuve o, al menos, no supe descubrir dentro de mí.

—Hola, Robert, disculpa mi confusión.

—No te preocupes, Ángel, me han hablado de lo que te ocurrió e imagino que me has confundido con la persona equivocada, de todas formas, te diré que no eres el primero, me han llamado de todo allí en España, ni te imaginas las situaciones que he vivido por mi aspecto. Lo último ha sido en el aeropuerto, me eché una foto con una familia a la que le firmé un autógrafo sin decir una palabra, no sé con quién me confundieron, pero tenían tanta ilusión en sus rostros que no me atrevía a decirles nada, nos hicimos un selfi, les sonreí y les dije "*bye*", ni te imaginas lo felices que se marcharon los tres. Por suerte aquí en Estados Unidos pasaré más desapercibido, o eso espero...

Parecía simpático este grandullón que, según me había dicho mi hermano, era su mano derecha desde hacía mucho tiempo.

—Pues sí, aquí pasarás algo más desapercibido, aunque, sinceramente, lejos de las instalaciones deportivas o del Muscle Beach no es muy común encontrarse con tipos tan musculosos como tú. Aquí en Los Ángeles, como en la mayoría de las ciudades de este país, la carne y la comida basura están haciendo estragos, ya te habrás dado cuenta imagino.

—No, la verdad es que no he visto tanta obesidad como me habían contado, aunque tampoco me sorprende, imagino que Ángel ya te habrá hablado de nuestra programación mental y de cómo acabamos encontrando aquello que somos o lo que esperamos encontrar en los demás. Si te soy sincero, hasta ahora he visto más personas preocupadas por su aspecto físico y la salud que el típico perfil del estadounidense que nos muestran en la televisión.

—He hablado de tantas cosas con mi hermano en estas pocas horas, he tenido que asimilar tantos errores de mi pasado, que no sabría decirte...

—Bueno, no te preocupes —Robert me interrumpió—, comprendo que ha sido un día muy intenso. ¿Qué te

parece si salimos a cenar algo y te cuento qué he venido a descubrir aquí, en mis vacaciones de verano?...
Este tipo no paraba de sorprenderme, vacaciones de verano..., hace un momento atravesaba una de las situaciones de más tensión de mi vida y ahora me proponía salir a cenar y hacer turismo, no sé qué rumbo acabaría tomando mi vida, lo que sí me estaba quedando claro es que ya nada iba a ser lo mismo.

CAPÍTULO 2

Siempre quise ir a un campamento de verano en L. A.

"Convierte cada paso en una meta, y cada meta en un paso."

Confucio

Cuando era un niño uno de nuestros mejores amigos nos dejó lo que para nosotros fue todo un verano. Resultó muy extraño, ya que donde vivíamos, un pueblo de costa, Sitges, muy cerca de Barcelona, el verano, al igual que para todos los niños, era nuestra estación preferida, pero allí se hacía algo más especial, puesto que pasábamos todo el día de piscina en piscina o de una playa a otra. Además, en este periodo de vacaciones era cuando más amigos hacíamos y cuando nos reencontrábamos con aquellos que no tenían la suerte de vivir con nosotros y solo podían disfrutar de nuestras playas durante esta pequeña temporada del año.

Fue muy raro que Josep nos dejara ese verano durante todo el mes de agosto, no podíamos entender por qué había permitido que lo enviasen tanto tiempo al extranjero, precisamente en la época del año en la que todos queríamos estar allí. Pero lo entendimos todo a su vuelta. Nos contó tantas historias y aventuras vividas en la otra punta del mundo que nos hizo pensar que realmente nuestros veranos eran superaburridos, que para hacer algo importante y realmente pasar el verano de nuestras vidas teníamos que ir, como él, a Los Ángeles, en Estados Unidos, y allí vivir todo un mes de aventuras y experiencias únicas. La diversión, las amistades y los amores de verano allí sí que se volvían realmente inolvidables y, como en las películas, todo sucedía al compás de una estupenda banda sonora...

Nos contó tantos sucesos, tantas historias emocionantes y con tal lujo de detalles, que el verano siguiente no viajó solo al campamento de verano. Fueron algunos más de la pandilla los que disfrutaron de otro verano inolvidable. Ángel y yo no tuvimos tanta suerte, nuestros padres no consideraron positivo dejarnos fuera justo el mes del año que más actividades en familia hacíamos juntos, así que el campamento de verano en L. A. para mí siempre fue uno de mis sueños frustrados... Llevaba ya casi un año en Los Ángeles, y el recuerdo de este sueño de niño no había aparecido en mi mente hasta que Robert mencionó lo de sus "vacaciones de verano".

—¿A qué te refieres, Robert, con eso de "tus vacaciones de verano"?

—Pues eso, que estoy aquí para pasar mis vacaciones de verano, que me encantaría conocer esta ciudad de cine y quién mejor que tú para enseñármela, ¿no te parece? Además, me vendrá bien perfeccionar mi inglés anglosajón con el de tus amigos los estadounidenses, algunas de sus expresiones aún me cuesta entenderlas.

—Pero, ¿y mi hermano? ¿Dónde está Ángel? Hace un momento me decía que iba a estar a mi lado, que me iba a ayudar, y de pronto se marcha como por arte de magia. Compréndeme, Robert, no entiendo nada.

—Claro que te entiendo, Toni, pero créeme, Ángel no se

ha marchado, simplemente se ha apartado un momento de tu camino porque cree que es parte del proceso que necesitas en estos momentos. No sé si llegó a darte su número de teléfono, pero si lo necesitas aquí lo tengo, lo podrás llamar cuando y cuantas veces lo veas necesario, esas son algunas de las instrucciones que me dio.

—Pero, ¿instrucciones para qué? —interrumpí nuevamente confundido—, ¿a qué te refieres?

—Ángel está convencido de que tú eres un diamante en bruto, de que tienes un fuerte potencial dentro de ti y que lo que hasta ahora te ha sucedido es que no has estado donde y con quien deberías haber estado, y justo ahora ha llegado tu momento. Él me dijo que tú y yo deberíamos pasar un tiempo juntos, una especie de campamento de verano, aquí en esta ciudad; a mí me encantó la idea y, según me afirmó, a ti también te gustaría, porque es algo que a él también le hubiera encantado. Sinceramente, Toni, esto yo tampoco lo entendí.

—Ja, ja, ja, pues mira eso yo sí lo entiendo, de niños siempre quisimos realizar un campamento de verano aquí en Los Ángeles y nunca pudimos hacerlo.

—Pues ha llegado tu momento, yo tengo aquí UNA MISIÓN, **la de abrirte la mente al ÉXITO,** y tú tienes otra, la de hacernos disfrutar de uno de los mejores veranos de nuestras vidas, yo voy a darlo todo y haré posible mi parte, ¿y tú?...

—Yo... lo voy a intentar, Robert.

—Pues comienza tomando nota, Toni. Ahí va mi primera lección... repite lo que has dicho, por favor.

—Pues que lo voy a intentar, voy a hacer todo lo posible...

—Ya, ya, no sigas, me refería a esa expresión de "lo voy a intentar". ¿Sabes?, cuando alguien dice "lo voy a intentar", "haré todo lo posible", realmente te está diciendo que no lo va a hacer, que está dejando abierta una puerta de salida tan grande, una vía de escape tan descarada en caso de fallar o de no cumplir con lo que acaba de decir, que muy probablemente su objetivo se quedará en el camino y que fue algo que intentó, pero no resultó, ya habrá otra ocasión, otra oportunidad... Pues NO, para la gente de éxito esta expresión de "lo voy a intentar" no existe, así que bórrala de tu vocabulario, a partir de hoy no vamos a intentar nada, vamos a HACER, a CONSEGUIR, a LOGRAR, lo de intentarlo lo dejamos para el Toni que no quería abrirme la puerta, para el Toni que compró ese arma, que por cierto mañana mismo vamos a pasarla a mejor vida... ¿ok?

—Sí, sí, claro —respondí mirando hacia arriba a los ojos de aquel grandullón con cara de niño que tanta emoción y respeto me hacía sentir ante sus palabras.

—Pues entonces te repito, yo he venido porque tu hermano me ha pedido que pase unas vacaciones aquí en esta hermosa ciudad y de paso te enseñe todo lo que sé acerca del éxito. Me he comprometido contigo a mostrarte todo lo que sé en tu camino de crecimiento personal, pero aún necesito saber qué piensas y si realmente estás dispuesto a ayudarme a pasar unas buenas vacaciones.

—Pues sí, claro, compréndeme, están pasando tantas cosas de forma tan rápida. Hace un momento he estado a punto de dispararte y esta misma mañana era a mí a quien iba a disparar, pero sí me comprometo a mostrarte esta ciudad y hacer que pases unas hermosas vacaciones, y por supuesto escucharé e intentaré asimilar. Perdón, perdón. —Me di cuenta de mi error y recordé lo que acababa de decirme y las palabras de LA CARTA sobre la importancia del vocabulario que usábamos, y seguí hablando—. Asimilaré todo lo que me vayas enseñando en este tiempo que compartamos.

—¡Estupendo, Toni, aprendes rápido! —Y Robert riendo me dio un achuchón en el hombro con tanta fuerza que tuvo que agarrarme con su otra mano al comprobar que me desplazaba hacia delante debido a su enorme empuje—. ¡Uy! Perdón, ¿te hice daño?

—No, no, aún estoy entero, no te preocupes.

Y juntos comenzamos a reír. Me gustaba la idea de pasar un tiempo junto a aquel tipo; me hizo pensar que quizá fuera posible, que quizá muchos años después cumpliera aquel sueño de los trece años y pasara un inolvidable campamento de verano en L. A. junto a aquel niño con cuerpo de gigante...

CAPÍTULO 3

La definición...

Vive como si ya lo tuvieras, como si ya lo fueras...
No lo esperes, si lo deseas tu éxito comienza hoy.

Me despertó un fuerte portazo, no sabía qué hora era, aún no había amanecido, pero estaba seguro de que había sido la puerta de mi casa. Era la primera noche que dormía acompañado después de mucho tiempo y esto junto a un día de tanta excitación me hizo dar vueltas y más vueltas en la cama. No sé cuánto tardé en dar las buenas noches a mis emociones, pero al hacerlo, estas dejaron paso a un sueño mucho más profundo del habitual. Sin embargo, este ruido inesperado en el inmenso silencio de mi casa vacía me hizo levantar de la cama y salir de mi habitación. Me dirigí al salón y comprobé que todo estaba igual que lo dejamos hacía unas horas, miré el reloj de mi móvil, aún no eran las seis de la mañana, pensé que quizás el ruido proviniera de fuera, de la calle, pero al volver a mi habitación comprobé que la puerta de Robert estaba abierta y que él no estaba en la cama. Me tranquilizó ver que aún su pequeña maleta y alguna de su ropa estaban allí, parecía que nadie hubiese dormido en esa habitación y que Robert solo hubiera extendido sobre los pies de la cama su pantalón y una camiseta de marca que simulaban la silueta de un gigante sobre la cama de un niño de seis años. Pensé que la habitación estaba aún más ordenada que cuando llegó.

No volví a la cama, preparé café y me dispuse a esperar, a esperar a Robert o quizás a quien mi hermano se hubiese propuesto enviar, caí en la cuenta de que mi vida había tomado tal rumbo que ya no dependía de mí, era un barco que había pasado de estar a la deriva a punto de hundirse en el fondo del mar a ser rescatado y dirigido por otros a un puerto que no conocía, a un puerto que aún no estaba ni definido en el mapa, ni decidido en mi mente, solo conocía su nombre, lo que para mí ya era suficiente, ese puerto se llamaba ÉXITO.

Tras más de cuarenta minutos, dos cafés y tres cigarrillos, llamaron a la puerta, yo aún permanecía en la mesa del salón, no me había podido mover de ahí ya que mi cabeza continuaba procesando lo sucedido el día anterior, tenía muchas preguntas para Robert, la primera por supuesto era dónde había ido, por qué se había vuelto a marchar sin avisar, pero al abrir la puerta ya no tuve que hacerla...

Allí estaba, tras su enorme sonrisa radiante apareció aquel superhombre empapado en sudor con camiseta y mallas cortas que, junto a sus zapatillas de deporte, evidenciaban de dónde venía y el porqué de su marcha vespertina. Mirando a Robert descubrí que el ser humano tiene músculos más allá de donde mi experiencia y mi poca formación en el tema eran capaces de conocer o incluso imaginar. A su lado pasearía seguro por la ciudad de Los Ángeles, justo en la misma proporción que lo haríamos de forma desapercibida...

—Muy bonito este barrio, Toni, y sorprendentemente silencioso, ¿no crees?

LA DEFINICIÓN...

—Pues sí, fue eso lo que me hizo quedarme aquí cuando llegué y no buscar nada más cercano, no sabía nada de esta zona, pero la tranquilidad que se respira la mayor parte del día me convenció.

—Me encanta salir a hacer deporte nada más salir de la cama, forma parte de mi ritual matutino, ¿tienes alguno, Toni?

—Eeeeh, ¿a qué te refieres? —No sabía a qué se refería, para mí un ritual era algo relacionado con las tribus o las sectas.

—Pues a hábitos, costumbres que repites diariamente a modo de ritual, yo por ejemplo llevo a cabo uno mucho más sencillo que el de tu hermano, pero jamás me lo he saltado en años, esté donde esté, sea el día que sea, no falto a mi ritual. Hablaremos de él y creo que no te vendría mal empezar con algunos simples hábitos que pueden cambiar tu vida, pero bueno no vamos a empezar por ahí, ¿me ducho y preparamos el desayuno?

—Eeeeh, creo que será mejor salir a desayunar. No esperaba tu visita y la verdad, no tengo mucho que ofrecerte, ¿un café?

—No te preocupes, me ducho y salimos, hace tiempo que no tomo café, pero gracias.

—O un vaso de leche, ¿lo prefieres? Robert comenzó a reír y me respondió de manera amable.

—Déjalo, Toni, gracias, te lo agradezco de verdad, pero creo que dejé de tomar leche mucho antes que el café, no recuerdo. Me ducho y salimos, amigo. — Le resultó simpático mi ofrecimiento, yo aún no sabía nada de los hábitos alimenticios de Robert y de los beneficios que, según él, suponía una dieta como la suya. Una dieta que, en menos de veinticuatro horas, yo también acabaría haciendo...

33

...

Robert salió de su habitación luciendo de nuevo un *look* totalmente deportivo, y con su habitual simpatía me preguntó qué haríamos, qué tenía preparado para ese día... Yo por supuesto volví a quedarme en silencio...

—Robert, ¿qué te apetece? ¿Qué te gustaría hacer?

—Y por primera vez me informó con más detalle de su cometido en Los Ángeles...

—Me encantaría conocer la ciudad, los sitios turísticos, esos que salen en las películas y demás, me dejaré llevar, se trata de divertirnos un poco mientras aprendes algunos de los principios que Ángel me ha pedido que te muestre. Estaré aquí unos días, aún no sé cuántos, pero los aprovecharemos para ver algunas cosas como el Paseo de la Fama, las playas y donde tú me lleves. De paso te contaré algo de lo que he aprendido junto a tu hermano Ángel y me gustaría que tú también me hablases de ti y tu vida, ¿te parece?

—Sí, claro, pero compréndeme, tengo muchas dudas aún.

—Pues dime, amigo, salimos y vamos hablando, porque tengo un hambre que me muero, normalmente a esta hora ya hace mucho que desayuné, ¡vamos! —Aún no eran las ocho de la mañana.

La segunda pregunta que había pensado plantear a Robert esa mañana se la hice camino del aparcamiento.

—¿Cómo me pudo encontrar Ángel aquí en la otra punta del mundo, en un barrio perdido de la ciudad de Los Ángeles? Además, me salvó la vida, no sé si lo sabes, pero cuando llegó estaba apuntándome a la cabeza con mi pistola, me iba a quitar la vida.

—Sí, algo me ha contado Ángel, ¿con esta pistola? —Y

sacó de su bolsillo mi arma y comenzó a mostrármela con total naturalidad.

—¿Qué haces? ¡Guarda eso! —Le tapé las manos y el arma mientras le pedía que la guardase.

—¿Qué pasa, pero aquí no están permitidas las armas?

—Sí, pero de ahí a ir mostrándola por la calle... No puedes sacar un arma y enseñarla de esa forma, y menos esa que no está legalizada ni sabemos qué registro tiene. Aquí, aunque las armas estén permitidas, están controladas y se sabe a quién pertenecen e incluso a quienes han pertenecido, y esta, comprándola donde la compré, probablemente no tenga muy buen pasado... ¿para qué la has cogido?

—Pues justo para eso, para devolverla al pasado, para quitarla de tu presente, y lo más importante, de tu futuro, tengo entendido que existen lugares donde recogen las armas sin pedirte nada a cambio, ¿no es cierto?

—Sí, claro, muy cerca de donde desayunaremos, la policía coloca a menudo una especie de puesto donde recogen armas que acaban tirando en contenedores de basura.

—Estupendo, hoy van a ver llegar a un negro y a un hispano arrepentido, pero después de desayunar, amigo, si no el negro puede que se desmaye allí mismo, ¡ja, ja, ja, ja! —Y volvió a darme un toque en el hombro que me hizo perder el equilibrio.

—Perdón, Toni.

—No te preocupes, me iré acostumbrando.

***

—Pues, Toni, sé que tu hermano te encontró porque alguien lo llamó precisamente un día que tomaba café conmigo, pero eso creo que debería contártelo él o al menos la persona que estará contigo después de mí, ella te podrá dar una información más detallada.

—Después de ti, ¿a qué te refieres?

—Sí, Toni, tu hermano ha pensado que deberás conocer a otras dos personas más antes de volver a verlo, cada uno de nosotros te acompañaremos durante unas semanas, ayudándote así a crear nuevos hábitos, a aprender ciertos principios y de paso divertirte, porque creemos que hace tiempo que dejaste de hacerlo. Hay una parte dentro de cada ser humano que muchos han dejado de cuidar, es el niño que todos seguimos teniendo dentro, ese niño que un día dejamos de escuchar y que muchos, al igual que vamos hacer nosotros con el arma, lo entregaron para siempre pensando que no lo volverían a necesitar, que su vida de adulto no les permitiría volver a sacar aquel niño que un día fueron. Y ¿sabes? Un adulto que no cuida a su niño interior se vuelve triste, serio, estresado y en ocasiones melancólico... y abre una puerta a la depresión, ese mal que tanto está afectando a nuestra sociedad, y que, en la mayoría de los casos, es por haber olvidado alimentar a nuestro niño; y tú, Toni, ¿desde cuándo no lo alimentas?...

No pude responderle, sabía que él tampoco esperaba una respuesta, era una pregunta que me animaba a la reflexión y a darme cuenta de que mi vida, desde que Rosa no formaba parte de ella, había perdido el rumbo, no solo el niño interior, también el adulto había comenzado a apagarse, porque, entre otras cosas, mi vida había perdido el sentido, no había un propósito al que aspirar, un sueño que cumplir, una meta que alcanzar...

Robert me hizo volver a la conversación.

—Toni, arranca, por favor, si no quieres que comience a morder el asiento de tu coche.

—¡Perdón! —La conversación me había dejado ensimismado en el asiento de mi coche, mirando a la pared del aparcamiento, sin poder emitir palabras, intentando comprender mi realidad actual—. Perdona, Robert, estamos a solo diez minutos de tu desayuno, no te preocupes, y he pensado que después podemos empezar por uno de los platos fuertes, El Paseo de la Fama, ¿te parece bien?

—¡Wow! Me encanta, además será un buen sitio para comenzar a hablarte del éxito.

***

Durante el desayuno Robert me contó algunos de sus hábitos alimenticios, como el beber más de dos litros de agua al día y el de principalmente comer alimentos frescos, que hubieran sufrido un proceso de poca elaboración. Nos costó bastante encontrar un supermercado ecológico en el que nos surtimos de comida para casi un mes, aunque dado el volumen de su cuerpo, comprendí que no duraría más de una semana. Fue así como en mi frigorífico, por primera vez, entraron productos diferentes a bebidas gaseosas, cervezas, helados y yogures... De hecho, las pocas que me quedaban las tiró sin preguntar...

Justo antes de montarnos en el coche para dirigirnos a Hollywood, Robert me recordó que debíamos ir a dejar el arma, y así lo hicimos. Nos dirigimos al puesto donde un par de agentes de policía las recogía, y para mi sorpresa, no tuvimos que decir nada, ni nos preguntaron nada, solo un simple gracias. Allí quedó parte de mi pasado más oscuro y más doloroso, al entregar esa arma también se fue con ella Toni, "El Español", aquel que tantos problemas me había traído en cada una de sus fiestas, aquel que hacía veinticuatro horas casi me quita la vida. Le comenté esta sensación a Robert, que me respondió con una bonita frase:

"Tu presente es fruto de las decisiones de tu pasado, tu futuro será el fruto de las decisiones que tomes hoy".

Y reflexionando sobre esta frase, pusimos rumbo al PASEO DE LA FAMA...

***

—¿Sabes, Toni? Toda esta gente que tiene su nombre escrito dentro de las estrellas tiene algo en común que muy poca gente conoce, algunos lo llaman suerte, otros don, pero realmente lo que les llevó a todos, pero a todos, a conseguir tener aquí su nombre, no fue más que el esfuerzo y la dedicación a una causa, en su caso la del mundo del cine, jamás alcanzarás el éxito si no decides qué quieres y te lanzas a por ello con total determinación.

—Realmente, yo nunca he tenido muy claro qué quería ser en la vida, me he movido por intereses económicos principalmente y la pasión o la dedicación a una causa nunca fue algo que me planteara en mi vida. Para mí, el éxito era ganar más dinero que mis compañeros y si además lo conseguía de manera fácil, pues mucho mejor.

—Creo que debemos comenzar por ahí, Toni, ¿qué entiendes tú por ÉXITO?

—Pues el éxito es esto —dije señalando al suelo—, llegar a tener tu nombre en el lugar adecuado, que querrá decir que hiciste grandes cosas para acabar en lo más alto a nivel económico y social, ¿no? —Su silencio me hizo continuar hablando mientras caminábamos leyendo nombre tras nombre, estrella tras estrella—. No me refiero a tener tu nombre aquí escrito, sino que en el mundo al que te dediques te reconozcan y hayas alcanzando cierto nivel y reconocimiento que te permita vivir tan bien como desees, ¿no?... —De nuevo no hubo respuesta, por lo que me animé a seguir con mi monólogo—. Realmente, lo que tengo claro es qué no es éxito, para mí una persona no tiene éxito si no es feliz con su trabajo, con su sueldo, su familia, con su vida en general, si no eres feliz no puedes decir que tengas éxito, yo, por ejemplo, he sentido el éxito en momentos puntuales de mi vida, cuando vivía en Ámsterdam, por ejemplo, allí sí hubo una época en la que pensaba que era la persona de más éxito del mundo, pero ya ves que no me duró mucho, al poco tiempo volví a ser el fracasado de siempre...

Y tras haber leído otras diez o doce estrellas después en total silencio, Robert comenzó a hablar y a mostrarme la primera de mis grandes enseñanzas, **QUÉ ES EL ÉXITO**.

—Toni, en mi vida he tenido varios mentores, ¿sabes lo que es un mentor?

—¿Lo que eres tú o mi hermano, un tipo de *coach*?

—No, Toni, un mentor es algo distinto, tu hermano ha sido mi mentor, y yo aquí espero llegar a ser el tuyo. Un mentor es una persona que ya ha tenido resultados en el campo que tú estás trabajando o al que te dedicas, y desde su posición de éxito o logro te ayuda a que tú lo alcances también, te dice cómo lo hizo él o ella y cómo podrías tú hacerlo. De este modo te puedes ahorrar muchos errores o situaciones complicadas, puesto que te enseñará el camino correcto que lleva a donde quieres estar, evitando esos contratiempos que el mentor u otros anteriores a él ya cometieron.

»Pues bien, uno de mis mentores me enseñó algo básico que espero que a ti también te marque, que el éxito no es un lugar donde llegar, ni una meta que alcanzar, para mí esto es lo fundamental en el camino hacia el éxito. Piensa que para un monje del Tíbet el éxito no va estar en el mismo lugar que podrá estarlo para un gran ejecutivo de esta ciudad, es así como cada persona puede definir su éxito en relación a su estilo de vida y a su concepto de felicidad, porque la felicidad es la clave del éxito y no al revés.

»Si piensas que el éxito te dará la felicidad, vivirás una vida de búsqueda continua, de inquietud e insatisfacción, en cambio, si lo planteas como **el proceso por el que te convertirás en la persona que has venido a ser** y decides disfrutar de este camino, ya habrás alcanzado el éxito, tu éxito, ya que como has visto cada ser humano tiene y debe tener su propia percepción de este concepto y no asociarla a las posesiones o al dinero que se tenga, sino a aquello que le aporta la mayor felicidad y satisfacción posible.

—Entonces el éxito para ti no tiene nada que ver con el dinero, la fama o el poder.

—Pues no, Toni, más bien tiene que ver con tu interior, con cómo te ves tú por dentro, cómo te sientes. Y el ser humano solo brilla desde dentro cuando se siente alineado con sus metas, con su propósito de vida, y esto no es un fin, sino un camino, como este que recorremos ahora.

»Muchos de estos nombres que ves en estas estrellas, al igual que te sucedió a ti, Toni, por desgracia llegaron a ser solo estrellas fugaces, personas de éxito que alcanzaron su máximo potencial en un momento de sus vidas, pero que finalmente se desintegraron y dejaron de ser aquello que les permitió alcanzar dinero y fama, acabando en muchas ocasiones siendo víctimas de las drogas e incluso en la peor de las pobrezas, y no me refiero solo a la económica. Otros ni siquiera llegaron a conocer el éxito verdadero, porque, aunque un día todos lo vieran como una persona de gran éxito profesional, al caer la noche y encontrar la soledad de la fama en su interior descubrían que aquello no era lo que realmente deseaban, dinero, reconocimiento y popularidad, por sí solos no dan la felicidad. Ese no es el éxito que te vamos a mostrar, ese camino ya lo recorriste, ahora toca romper con tu programación y crear una nueva que te permita alcanzar una vida de éxito, de felicidad, más allá de lo que tengas o seas, porque como ya viste todo está en ti, en tu interior, y ahí encontrarás otros valores, otras necesidades humanas que tendrás que cubrir y que te mostrarán el verdadero camino de la felicidad y con ella el del éxito, es el momento de ir a buscarlo, o si lo prefieres, de crearlo...

"Una carrera es algo maravilloso, pero no puedes acurrucarte junto a ella en las frías noches de invierno".

Marilyn Monroe

Unos ejercicios para el éxito...

A lo largo del libro te encontrarás momentos como este en los que podrás parar tu lectura y dedicarle unos minutos a la reflexión y diálogo interior.

Si lo deseas puedes usar el bloc de notas "Prográmate para el éxito" que podrás descargar de la web "cristobalperez.es". De una u otra forma no lo dejes, dedícate unos minutos y haz de tu lectura una verdadera programación para el éxito...

"El éxito es una norma personal, tratando de alcanzar lo más alto que hay en nosotros, llegando a ser todo lo que podemos ser. Si hacemos lo mejor posible, somos un éxito"

John C. Maxwell

¿Qué es para ti el éxito? Realiza tu propia descripción de éxito.

¿Qué debería darse en tu vida para que consideraras que has alcanzado el éxito? De esta forma determinarás aquellos aspectos fundamentales en tu definición de éxito.

¿Crees que has logrado o has sentido el éxito alguna vez? Describe aquellas situaciones o momentos en la vida en los que sentiste que eras una persona de éxito.

Si crees que aún no has tenido o sentido esta sensación o no fue del todo plena para ti, estás de suerte, hoy es un buen día para sentirla. Lee la página 239 y luego vuelve aquí. Ahora que ya sabes cómo iniciar una buena visualización, imagínate en un estado de éxito, ya sabes qué es el éxito para ti, lo has descrito y tienes claro qué se debería dar en tu vida para llegar a este estado. Pues visualízate, siéntelo, obsérvate en esa situación de éxito personal que te gustaría alcanzar como si ya fuese una realidad. ¿Qué ves?, ¿qué oyes?, ¿qué sientes?, ¿con quién hablas? Recrea una conversación o situación de éxito... Haz de tu imaginación tu realidad, y tu realidad llegará a ser lo imaginado.

Tras esto, vuelve a tu cuaderno para el éxito y describe con detalle esa situación imaginada, así como las emociones que te aportaba haber alcanzado el éxito. Recuerda que todo lo que se crea en tu mente se crea en tu realidad. Ley de la equivalencia mental.

No me creas, pruébalo, repite esta visualización dos veces al día, preferiblemente en los primeros momentos del día y poco antes de irte a la cama, y la programación estará hecha, tus pensamientos te llevarán a tu realidad.

"El éxito está en el hacer, no en el conseguir; en el intentarlo, no en el triunfo".

John C. Maxwell

John Maxwell usa esta frase porque sabe que el único camino que lleva al éxito es la acción, sin acción no hay posibilidad de llegar a lograr una vida de éxito, en cambio, con acción el éxito se hace inevitable.

Y tú, ¿has cogido papel y bolígrafo para comenzar con tu programación para el éxito? ¿Has tomado acción?

CAPÍTULO 4

La búsqueda de tu propósito, la ley del dharma...

"Hay una cualidad que se debe poseer para ganar, y es la claridad de propósito, saber qué se quiere y desear ardientemente poseerlo".

Napoleon Hill

Tras aquella intensa mañana de paseo, Robert me pidió que lo llevase a Beverly Hills, esa lujosa ciudad de Los Ángeles donde yo aún no había ido, porque, la verdad, nunca me llamaron la atención las grandes casas y las vidas con tanto *glamour* que algunos poseían, no mientras yo no fuera uno de ellos...

—¿Que aún no has estado en Beverly Hills? —me preguntó mi grandullón amigo.

—No, Robert, no me gusta ver cómo otros han alcanzado lo que yo jamás lograré, no he estado jamás en esa zona de Los Ángeles porque sé que lo que allí me encontraré está muy lejos de lo que soy y al mismo tiempo muy cerca de lo que fui. Cuando vivía en Ámsterdam y pensaba que la vida siempre me sonreiría, que el dinero jamás se me acabaría, uno de mis sueños era comprar una de esas mansiones, incluso llegué a pensar que algún día abriríamos un *pub* de nuestra cadena en esta ciudad, Tonnick´s LA, lo había llamado, pero este proyecto, al igual que todos los que ya estaban funcionando, se derrumbó por mi mala gestión del negocio, por mi excesiva preocupación por ganar y no tanto por aportar, creo que ya he aprendido esta lección...

—Pues yo creo que no, amigo, si aún no eres capaz de ir allí y ver esas casas y ese estilo de vida como algo normal e incluso atractivo, si es lo que te gusta, es porque aún eso no está sanado dentro de ti. Me refiero a que todavía no has comprendido que realmente tenemos lo que somos y hacemos, recuerda la ley del orden, ser, hacer, tener, no hay más, Toni. Esa gente que vive ahí no es ni más ni menos que nosotros, ni más ni menos que tú, simplemente ha aprovechado las oportunidades que la vida le ha brindado; algunos han llegado allí porque ya nacieron ahí, en esas casas, con ese estilo de vida, y han sabido mantenerlo o hasta mejorarlo, otros, en cambio, no eran nadie cuando empezaron e incluso su situación de partida puede que fuera mucho peor que la tuya. Piensa que el ochenta por ciento de los millonarios se han hecho a sí mismos, comenzaron de la nada, con una pequeña inversión, con un pequeño negocio y mucha determinación. Llegaron a ser lo que necesitaban ser para tener todo aquello que deseaban tener, no hay más reglas, no hay más instrucciones que seguir. Pero para ello lo primero es tener claro cuál es tu propósito de vida, qué es aquello para lo que has venido al mundo, lo que te hace único y especial y que solo tú podrás hacer de manera única e inmejorable. ¿Lo sabes?

—No, la verdad, creo que yo no soy capaz de hacer nada de forma especial ni única. Además, no entiendo cómo cada ser humano puede hacer algo de forma especial cuando hay tanta gente que jamás ha destacado ni ha nacido con las oportunidades de serlo.

—Así es, Toni, cada ser humano lleva en su interior la semilla de la grandeza, fuimos creados a imagen y semejanza de Dios, por esto TODOS podemos llegar a brillar de forma especial si así nos lo proponemos y, sobre todo, si sabemos qué hemos venido a hacer. Pero, por desgracia, muy poca gente lo descubre, algunos por falta de oportunidades, han nacido en un contexto que les impide ver más allá del mismo y nadie les mostró un camino distinto; otros por falta de fe, aunque lo tuvieron delante de sus ojos, aunque lo vieron en otros, creyeron que para ellos sería imposible, y otros por comodidad, simplemente decidieron que una vida distinta a la que comenzaron podría hacerles perder más de lo que ya tenían y de esta forma optaron por quedarse en su zona cómoda y no aspirar a nada más. Y tú, ¿te identificas con alguno de estos perfiles?

—Sí, claro, yo me aferré a mi trabajo de publicista porque fue lo que estudié y además se me da bien. Nunca he llegado a enamorarme de mi trabajo, solo de los logros que me ha aportado cuando alguna campaña ha llegado al éxito, pero nunca pensé en jubilarme en esta profesión, sabía que algún día tendría que hacer algo distinto, algo que me llenara más.

—Pues ahí está la diferencia, Toni, en lo que realmente te guste. Hay una frase de Confucio que dice: "Busca un trabajo que te apasione y no tendrás que trabajar en tu vida". No sentirás que trabajas cuando lo haces, ya que, si vives alineado a tu propósito, la sensación de estar trabajando llega a desaparecer. Por desgracia, pocas personas desarrollan de esta forma su vida laboral, muy al contrario, pasan la vida entera en trabajos que no les gusta, aguantando a jefes o jefas insoportables, comenzando cada lunes con la ilusión de que vuelva a ser viernes, con la mente en las vacaciones o incluso en su jubilación... No se dan cuenta de que solo se vive una vez, de que si pasas tu vida aferrado a un trabajo que no te corresponde, vives casi media vida lejos de tu propósito y, de esta forma, muy probablemente lejos del éxito, de la felicidad...

»Te contaré dos historias, estos dos buenos amigos míos te ayudarán a comprender la grandeza de una vida con propósito y, además, cada una de ellas te hará ver cómo desde sea cual sea la situación personal, por dura y desfavorecida que parezca, cualquier persona puede llegar a los mayores logros.

»La primera es la de Ruth, ella era una chica que a sus dieciocho años ya había alcanzado un puesto fijo en una reconocida joyería de la ciudad. Aunque no tenía un gran sueldo, la estabilidad que suponía este puesto le permitió adquirir su primer coche mucho antes que sus amigas. Para todos, era una chica con suerte, la vida le sonreía, podía plantearse un futuro lleno de seguridad y estabilidad, había llegado a la meta mucho antes que los demás, solo le quedaba disfrutar de la victoria.

»Pero Ruth no era igual al resto, rompió las reglas pactadas por todos, se alejó de los planes que muchos tenían para ella y decidió comenzar de nuevo. Buscó su pasión, comenzó a acercarse a su propósito y, de nuevo, pronto, una nueva profesión apareció en su camino. Una afamada tienda de ropa la contrató como dependienta y fue así como en la unión de dos de sus pasiones, la atención al cliente y el mundo de la moda, encontró una profesión que muy pronto superó a la anterior en condiciones laborales, y lo más importante, en satisfacción personal.

»Su nueva adquisición: casa propia, de nuevo mucho antes que todos sus amigos. Su vida volvía a estar resuelta, o eso parecía.

»Con el paso de los años, Ruth llegó a ser responsable de tienda, y hubiera llegado mucho más allá en el

LA BÚSQUEDA...

organigrama de la empresa de no haber sido capaz de descubrir a tiempo que realmente allí tampoco estaba su propósito, y aunque todos le decían lo contrario, ella sabía que algo mejor la estaba esperando y que, de nuevo, lo mejor estaba al otro lado del miedo.

»Habían pasado los años, ya no era la chica que dejó la joyería en busca de nuevas sensaciones, dejar un trabajo como el suyo con una edad como la suya era mucho más riesgoso que antes, pero esta vez su propósito de vida sí estaba un paso más allá, todo lo que le gustaba y le hacía feliz se daba en una profesión que le apasionaba. Deporte y ayuda al prójimo se unieron en su proyecto de vida y de nuevo dio un salto de valor.

»Puso en marcha su propio negocio, partiendo de cero, sin ser nadie en el mundo del deporte y la salud, solo con una meta en mente, disfrutar de su trabajo, aportar más desde su ser, brillar en su propia estrella y, de esta forma, ayudar al mayor número de personas a mejorar su salud y con ella su vida.

»Fue así como esa joven soñadora pasó de ser una humilde dependienta de joyería a una de las más exitosas profesionales de su campo, referente para muchos y lo más importante...

FELIZ.

"El éxito consiste en obtener lo que se desea.
La felicidad, en disfrutar lo que se obtiene".

Henry Ford

»¿Qué crees que hubiese ocurrido si Ruth, pensando que la vida no es más que aquello que te toca vivir, hubiese permanecido en su papel de dependienta de joyería?

—Quizás no hubiera sido feliz, no disfrutaría tanto de su trabajo —respondí con dudas.

—Sí, Toni, pero no es eso lo más importante de esta historia, si no hubiese tenido un espíritu emprendedor, de superación, Ruth jamás hubiera llegado a vivir según su llamado, su misión de vida, y todas esas personas a las que cada día ella alcanza desde su profesión hubieran perdido esa oportunidad y, muy probablemente, sus vidas tampoco serían las mismas... Todos somos uno, estamos conectados a la misma fuente y lo que hacemos afecta a todos, ¿lo crees?

Permanecí en silencio mirando a Robert.

—¡Ja, ja, ja! ¿Qué te pasa, Toni? ¿Te quedas pasmado? —Y volvió a darme uno de sus cariñosos y desproporcionados golpes en el hombro. Esta vez ya no me desequilibró, supe contenerlo ofreciendo toda mi resistencia donde él solo ponía "una simple caricia". Me sorprendía tanto oír a ese grandullón lleno de sabiduría y espiritualidad que no fui capaz de responder a su pregunta.

—Vamos, Toni, volvamos al coche y pon esta dirección en tu GPS. —Me entregó una tarjeta con una especie de logotipo de una empresa por un lado y una dirección detrás—. Es el lugar que me gustaría conocer de Beverly Hills, mientras vamos te contaré la segunda de mis historias. Muy distinta a la de Ruth, pero también muy esclarecedora en cuanto a la importancia de buscar tu propósito de vida.

Montamos en mi viejo y pequeño Chevrolet y pusimos rumbo a uno de los enclaves más lujosos del mundo, pensé que Robert me llevaba al lugar donde solo existe el éxito, sin embargo, fue allí donde descubrí que este no tiene por qué estar detrás de una lujosa fachada.

Cuando programamos el GPS y comenzamos a conducir

hacia la dirección elegida por Robert, continuó con la segunda de sus historias...

Él era un crío de tan solo ocho años cuando llegó a España con su madre. Adama era una mujer valiente que, como madre soltera, había cruzado el continente africano solo con una idea en mente, la de ofrecer a su hijo la oportunidad de crecer en condiciones muy distintas a las que ella lo había hecho. Senegal jamás ofrecería a su hijo las posibilidades que le contaban los amigos que ya habían llegado al primer mundo, los que antes, al igual que ella, también jugaron una partida en la que el premio y el precio estaba pactado desde la salida, tu propia vida.

Por desgracia, ella pagó el precio más caro y la alegría de llegar al primer mundo solo le duró unos meses, una grave enfermedad que la acompañó gran parte del viaje no la dejó ver crecer a su pequeño en el mundo de las oportunidades que ella siempre soñó compartir con él. Sin embargo, marchó con la alegría de haberle dado a su hijo la mejor de las posiciones de salida, el resto de la carrera ya dependería de él. Fue así como Mamadou empezó en España una nueva vida, en circunstancias muy adversas, pero con un gran mensaje de optimismo que su madre dejó grabado en su mente: nunca olvides de dónde viniste, quién eres y hasta dónde puedes llegar.

Mamadou pasó su infancia de casa de acogida en casa de acogida, añorando su país y todo lo que allí tenía, porque aquí disfrutaba de un grifo con agua, de luz, de comida, pero carecía de algo mucho más importante, el amor de su madre...

A los trece años se dio cuenta de que las oportunidades de ser adoptado por una familia española se habían agotado, su aspecto físico siempre había sido un inconveniente para él, jamás aparentó la edad que decía tener, y ya con su edad, un metro ochenta y casi cien quilos de peso, nadie lo acogería como el niño que aún era, así que decidió salir, y al igual que hizo su madre, viajar en búsqueda de un futuro diferente al que le planteaban. Él también había oído que aún más al norte las oportunidades eran mayores... y salió a buscarlas.

¿Sabes dónde lo llevó el tren que le habían dicho que lo acercaría a un futuro prometedor? A la otra punta de España, a Barcelona.

Allí, empujado por el amor a su madre, recordó que, con su edad, en Senegal ya llevaría tres o cuatro años trabajando, así que con la ventaja que ahora sí le ofrecía su aspecto físico, decidió comenzar una nueva vida, se cambiaría de nombre y tendría 18 años...

Decidió permanecer en España hasta conseguir la nacionalidad, por lo que comenzó a buscar trabajo. Encontró algunos que, aunque no le gustaban, le permitieron ganar algo de dinero, y con él su nacionalidad inventada, la certificación oficial que borraba toda huella de su pasado en Senegal. Fue gracias a esa documentación ilegal, un DNI de 1.000 euros, como llegó al mundo del deporte y con él a Sitges. Un equipo de *rugby* semiprofesional le ofrecía un sueldo no muy alto, pero estable, y además solo por jugar, él había nacido para el deporte y ahora estaba en el lugar correcto.

Solo había un inconveniente, aunque su DNI dijera que era español, que había nacido en España, al acabar los entrenamientos nadie lo esperaba en casa para servirle la cena y tampoco nadie lo acurrucaba al acostarse en el albergue social, donde todos lo respetaban por su corpulencia e incluso lo evitaban. Nunca se dieron cuenta de que, dentro de ese cuerpo de casi dos metros de altura, aún seguía habiendo un niño.

LA BÚSQUEDA...

Todos lo trataban como lo que era, un gran joven, trabajador y luchador, y así comenzó una vida de intenso y duro trabajo en la mañana y diversión y deporte en las noches, pero solo tenía quince años, nadie conocía ya a Mamadou, ni siquiera él mismo.

Un día uno de sus amigos le pidió que le acompañara a visitar a una asociación que quizás le consiguiera un mejor trabajo; se la había recomendado otro compañero al que todo le había ido mucho mejor desde que fue admitido en esa especie de ONG de la que apenas conocían poco más que la dirección del local donde atendían a los jóvenes.

Y fue allí donde conoció a la primera persona que acertó su edad, a la segunda mujer que supo leerle el corazón, ella era Lui, él, Robert, un niño senegalés en el cuerpo de un gigante español.

—Gracias a tu tía Lui, a Rosa y más tarde a tu hermano, Ángel, me convertí en lo que soy hoy. Me ayudaron a ser realmente quien tenía que ser en cada instante de mi vida, volvió aquel niño en esos momentos en los que aún lo necesitaba. Poco después fui el joven que descubrí que quería ser, deportista y estudiante, en un mundo cargado de posibilidades, en el lugar donde mi madre me hubiera dejado, donde ella siempre quiso que estuviera, en el mundo de las oportunidades que soñábamos en Senegal. Más tarde tu hermano, Ángel, conociendo mi amor por el deporte, me formó como *coach* deportivo, me permitió entrar a trabajar en su empresa y, junto a él, seguir creciendo no solo como profesional, sino como persona. Les debo tanto a tu familia, Toni.

—No sabes la suerte que has tenido, Robert. Has podido disfrutar de todo lo que me faltó a mí, una familia, gente que te acompañara, que te guiara en tu crecimiento. Yo en cambio los rechacé, los tenía tan cerca que no supe valorarlos y opté por recorrer el camino solo, sin la ayuda de nadie, y así acabé…

Tras un largo silencio cargado de aprendizaje para mí, comenzamos a ver las grandes mansiones de Beverly Hills y el paisaje cambió por completo. Conducíamos por Rodeo Drive, una de las avenidas más lujosas de todo Estados Unidos. A ambos lados de esta amplia avenida lucen grandes mansiones junto a hermosos jardines que intentan mostrar al resto del mundo el poder adquisitivo de quien vive allí. Cada casa es única, diferente al resto, algunas muy grandes, otras gigantes, pero todas cuidadas al detalle, no existe muestra alguna de dejadez o descuido, plantas y jardines en su justa medida y color, fachadas relucientes como si el paso del tiempo no existiera para ellas, una esmerada limpieza, y lo que más me llamó la atención, la sensación de orden y control que se respiraba por la avenida y por cada una de pequeñas calles por las que el GPS nos fue llevando. Me preguntaba si realmente esas grandes mansiones serían el reflejo de sus propietarios como había oído y si, más allá de la imagen que mostraban, en su interior también existiría el orden y la sensación de felicidad que mostraban las fachadas.

De pronto llegamos a la puerta de una gran mansión por la que según nuestro guía digital deberíamos pasar para llegar al destino, quinientos metros más allá.

—Parece que nos hemos perdido, Robert, dice que debemos continuar calle arriba, al otro lado de esta puerta.

—Sí, no te preocupes ya debe faltar poco, muestra a aquel sensor la tarjeta que te di y creo que deberá abrirse.

—Ah. —Este tipo no paraba de sorprenderme, mostré la tarjeta como me dijo y automáticamente la puerta se abrió lentamente ante mi perpleja mirada.

LA BÚSQUEDA...

—Ya estamos a punto de llegar, Toni, ahora veremos lo mejor, esta es una zona exclusiva, somos afortunados, amigo, al menos podremos pasear por donde lo hace gente muy, pero que muy importante, ¡ja, ja, ja! —No pude reírme, no asimilaba que estuviéramos entrando en una zona privada donde seguro solo vivía la élite de los multimillonarios; o sea que lo que habíamos visto hasta ahora probablemente junto a estas mansiones serían apartamentos o adosados para este perfil de inquilinos.

No pudimos avanzar más de diez metros cuando al otro lado de la puerta un apuesto guarda de seguridad nos paró y de manera muy simpática nos preguntó a dónde nos dirigíamos. Yo no supe qué contestar, miré a Robert, que rápidamente le entregó la tarjeta que nos había permitido la entrada. En cuanto la vio nos dio la bienvenida y nos invitó a pasar deseándonos una buena tarde.

—Está claro, Toni, hace mucho tiempo que por esa puerta no pasa un coche como este, ¡ja, ja, ja, ja!

—Y mucho menos con dos tipos como nosotros dentro —continué yo con la broma.

—¡Verdad! ¡Ja, ja, ja, ja, ja! —Robert reía a carcajada viva, sentí que su movimiento en el asiento hacía que todo el coche se desplazara junto a él.

Tal y como había marcado el GPS estábamos a dos minutos de nuestro destino y ahora, por estas pequeñas y lujosas calle, el paisaje era bien distinto. Ya no se veían esas hermosas fachadas abiertas a la vista de todos, sino que la mayoría se mostraban alejadas de nuestra posición, tras un gran jardín y un muro perimetral que impedía el acceso y la visión de la casa principal. En esta zona de lujo dentro del propio lujo, no existía la necesidad de demostrar ni exponer nada; para quienes vivían en esa zona restringida, lo que eran y lo que habían conseguido lo habían colocado en la primera línea de la carrera, así que les daba igual lo que los demás pensaran y que supieran o no que aquella era su casa, más bien se cuidaban de mostrarse excesivamente a los demás y muy pocas lucían una entrada principal abierta a la visión desde nuestro coche.

Por fin llegamos al destino indicado y, esta vez, al parar frente la puerta de una gran mansión, esta se abrió de manera automática. Robert me animó a seguir adelante y, al llegar a la entrada principal de la casa más grande que jamás he visto, me pidió que parara el motor y bajáramos. Entonces sentí vergüenza, me avergoncé al pensar la imagen que daríamos a quien nos recibiera y viese mi coche, seguro que peor que el de los propios empleados de la casa, ¿qué hacía un tipo como yo en un lugar como ese?...

Robert pareció conocer mis pensamientos.

—Vamos, Toni, no te preocupes, no hay nadie. Hoy solo veremos jardineros o trabajadores reparando algo, los propietarios solo vienen algunos meses al año.

—Pero, ¿quiénes son? ¿Cómo es que te han permitido entrar a verla?

—Eso es cosa de tu hermano. Ángel me sorprende cada día más y ya son muchos los años que llevo a su lado. ¡Vamos! Aquí lo que venimos a hacer es pasear, Toni, no vamos a entrar en la mansión, solo habíamos pensado que estar aquí en un lugar como este nos vendría bien para tu siguiente lección.

Y entonces comenzamos un paseo por los jardines de una de las mansiones más lujosas del mundo, un paseo por su exterior, el cual me permitió llegar a lo más interior de mí mismo.

CAPÍTULO 5

El paseo a mi obituario

"Acepta la responsabilidad de tu vida. Date cuenta de que tú eres quien va a llegar a donde quiere ir, nadie más".

Les Brown

No podía imaginar que hubiera personas que poseyeran de manera exclusiva tan inmenso jardín. Por momentos se perdía de nuestra vista la valla perimetral, y fuentes, estatuas y pequeños puentes sobre ríos artificiales se mezclaban con instalaciones deportivas, piscinas e incluso un helipuerto, colocado estratégicamente y disimulado entre la vegetación.

—¿Qué piensas, Toni?

—Pues que hay gente muy afortunada, cuánto dinero tendrán para poder mantener todo esto.

—Recuerda que la suerte no existe, la suerte es un resultado, ¿crees de verdad que todo esto es cuestión de suerte?

Recordé las palabras de Ángel y caí en la cuenta de que realmente todo aquello no podía haber sido solo fruto del azar. Sin esfuerzo, dedicación y constancia pocos logros alcanzamos en la vida, y aquella mansión no era cuestión de un simple acto de suerte. Debió haber mucho trabajo detrás antes de llegar a aquel estilo de vida.

—Tienes razón, no podemos asegurar que quienes vivan aquí heredaron esta casa sin haber hecho nada para conseguirla, e incluso si fuese ese el caso, la suerte, por sí misma, no les permitiría mantenerla por mucho tiempo. Imagino que habrán llegado a ser personas muy importantes para lograr todo esto.

—¿Te gustaría vivir aquí, Toni?

—Pues claro, ¿a quién no? —respondí de manera instintiva.

—A mí, por ejemplo. ¿Qué te aportaría tener esta vivienda?

Tanto su respuesta como la pregunta que le siguió a tan rápida afirmación me hicieron guardar silencio y reflexionar por unos minutos.

—Pues significaría que he logrado alcanzar una buena vida, ganar mucho dinero en mi profesión y que, según la ley de la siembra y la cosecha, que ya he aprendido, habré dado mucho para poder recibir todo esto, ¿no?

—¿Crees que los que viven aquí conocen la ley de siembra y la cosecha? ¿Que realmente ellos practican el acto de dar y entregarse a los demás sin esperar nada a cambio?

—No, es verdad, no lo creo, si no, no tendrían tanto lujo ni vivirían aquí. Serían más humildes. ¿Tú los conoces, Robert?

—He oído hablar de ellos, algo me ha contado tu hermano y de alguno de sus vecinos, si quieres más tarde puede que te cuente algo de lo que sé, pero ahora piensa por un momento, si algún día vivieras en una casa como esta, ¿qué valorarías más, la casa en sí o con quienes vivirías en ella?

—Por supuesto, ya lo he aprendido, para mí la casa no tendría sentido si no la comparto con mis seres queridos, si realmente no tengo a nadie con quien compartirla, pero hace unos años la casa y todo lo que a ella le rodea hubiera sido lo más importante para mí. Fue así como perdí todo lo que tenía, por anteponer lo material, el éxito por el éxito, a mi felicidad y plenitud interior. Hoy me doy cuenta de que toda esta exhibición de poder, de riqueza económica, no es comparable a la riqueza interior y la felicidad que te puede aportar el amor de un ser querido, de aquellos que te rodean, cuyo precio es infinitamente mayor al de todas las mansiones de Beverly Hills.

—Muy bien, Toni, se nota que has aprendido rápido junto a tu hermano. Ahora vamos a imaginarnos algo, imagina que vives aquí, que la vida te ha llevado a acabar tus días en una mansión como esta y que, tras tu muerte, cuando tu alma ya haya pasado a un siguiente nivel, vuelves y por unos momentos puedes asistir a tu propio funeral. Alguien te dedicará unas últimas palabras, y ahí a los pies de tu propia tumba tú puedes oír ese OBITUARIO que leerán para ti y para todos tus seres queridos. ¿Qué te gustaría que dijeran?, ¿cómo te gustaría que te recordaran todos?, ¿qué desearías que leyeran en el momento de tu despedida, el día de tu entierro?

—¡Buff! No sé... —me resultó una propuesta muy dura y comprometida.

—Pues hoy te tocará escribirlo, sí el tuyo. Imagina cuánta gente habría, quién estaría allí, despidiéndose de ti, dándote su último adiós, y cómo serías recordado por todos, qué huella dejarías en aquellos que, aún con vida, dirían al resto lo que fuiste y dejaste en este mundo material... ¿Crees que podrás hacerlo?

—Sí, claro, tengo mucho que imaginar, porque deseo tantos cambios, no obstante, lo haré. Creo que esto es una técnica parecida a otras que me enseñó Ángel, ¿no es cierto?

—Sí, Toni, se trata de una técnica de visualización o profecía autocumplida, cobra mucha fuerza si lo haces conscientemente y creo que te va a ser muy útil para descubrir lo que realmente deseas y dónde te encuentras. Dedícale tiempo esta tarde, te ayudará mucho más de lo que piensas. Me gustaría que lo escribieras hoy porque mañana trabajaremos sobre él y comenzaremos el día compartiendo su lectura.

Tras esto, nos marchamos de la hermosa mansión con sentimientos encontrados, con la extraña sensación de no saber si realmente aquel estilo de vida me gustaba o no, si preferiría una vida sencilla y sin mucho dinero o aquella otra de abundancia desmedida. Mi obituario lo diría…

Durante el trayecto de vuelta me asaltaba la duda de quién sería el propietario o la propietaria de aquella casa y decidí preguntarle a Robert.

—Robert, ¿me puedes contar algo de los propietarios de la mansión? ¿Realmente sabes quiénes son los dueños?

—Sí, Toni, Ángel me ha hablado de ellos en varias ocasiones, tu hermano y este matrimonio de médicos estadounidenses son buenos amigos, comparten proyectos en África y al parecer son todo corazón. Hace un par de años invitaron a tu hermano y estuvo alojándose unos días en la mansión, junto a ellos.

»Los propietarios son los dueños de una cadena de hospitales que ofrecen servicio por todo el mundo, y precisamente aquí, en Los Ángeles, donde empezaron, poseen uno de los cinco que existen en EE. UU., donde permiten que sus pacientes sean tratados con el único requisito económico de su palabra, de un acuerdo verbal, recuerda que en este país la sanidad no es pública y se gestiona mediante seguros médicos y servicios privados. Pues en estos hospitales se ofrece la posibilidad de ser tratado sin seguro médico, de ser atendido aun sin aval económico, se fían de las personas, y aunque en ocasiones ciertos pacientes no respondan a lo acordado, la norma no es esa, sino todo lo contrario. Hay gente que, años después, aún siguen respondiendo a su palabra y abonan su pequeña mensualidad puntualmente, otros que, cuando ya nadie confiaba en su regreso, abonaron su tratamiento tras reunir la cantidad suficiente para cubrir el precio. Y, por supuesto, también reciben a desahuciados por los seguros médicos y por otros hospitales, los cuales, aun sabiendo que probablemente jamás abonarán el precio del tratamiento, son tratados como un paciente más.

—Pues vaya, imaginé todo lo contrario —puntualicé con sinceridad.

—Sí, yo te llevé a esa creencia con mis preguntas, pero es todo lo contrario. Ángel me hablaba mucho de estos amigos suyos, de cómo han logrado todo lo que son y todo lo que tienen desde el amor al prójimo y de cómo sus vidas en los últimos años se centran casi exclusivamente en el dar. Cada año son más los servicios de ayuda sanitaria que construyen alrededor del mundo y han descubierto que este crecimiento es similar al que sufren los servicios de pago que también gestionan, aunque ya hace mucho que dejó de ser su interés prioritario, ¿esperabas resultados distintos para ellos teniendo esta actitud? Solo recibes aquello que das, solo das aquello que tienes, solo tienes aquello que eres... y recuerda, ERES... el FRUTO DE TUS PENSAMIENTOS, como decía Earl Nightingale: "Nos convertimos en lo que pensamos la mayor parte del tiempo".

Y tú, ¿en qué estás pensando?...

Unos ejercicios para el éxito...

Coge tu cuaderno para el éxito y atrévete a escribir tu propio Obituario, aquel texto que, con todo detalle, te gustaría que el día en que fallezcas, para lo que aún falta muuuucho tiempo, alguien leyera con lágrimas en los ojos.

¿Cómo te gustaría ser recordado, qué acciones te gustaría haber llevado a cabo, qué personas te hubiera gustado conocer, qué proyectos hubieras hecho realidad?...

Atrévete a soñar tu vida, atrévete a verte el día de tu muerte...

No hay nada peor en la vida que llegar al final de tus días, mirar atrás y comprobar que dejaste tantas cosas por hacer... tantas cosas por lograr... y que todo quedó ahí, simplemente, porque un día dijiste... "MAÑANA lo haré"...

HOY, aún estás a tiempo, solo te falta saber qué es lo que quieres. La definición por escrito de todo aquello que deseas ser, hacer y tener es el cincuenta por ciento del camino hacia el éxito. Comienza a recorrerlo, HOY.

"Decide cuál es su propósito principal y definitivo en la vida y luego organice todas sus actividades con relación a él".

Brian Tracy

CAPÍTULO 6

La importancia de un propósito

"Los días más importantes de tu vida son, el día que naciste y el día que encontraste el porqué".

Mark Twain

—Toni, Toni, despierta.

—Sí, ¿qué pasa Robert? —Aún no había amanecido, pero tuve la sensación de que había dormido bastante, muy profundamente al menos, la escritura de mi necrológica tras un día tan transformador me hizo caer fulminado en la cama.

—Vamos, tenemos que ir a un lugar y es la hora.

—Ok, voy.

Cuando Robert salió de la habitación pude ver que su ropa era similar a la de la primera mañana, o marchaba a correr o ya había llegado, eran las seis y media de la mañana y el sonido de la ducha me confirmó que él ya hacía tiempo que se había levantado.

Fui a la cocina, encendí un cigarrillo y preparé café. Robert por supuesto desestimó mi ofrecimiento desde su habitación.

—Tómatelo tú, gracias, yo ya he tomado algo de zumo, ¡pero desayunamos fuera!

—Ok, te espero, ya estoy listo.

A los cinco minutos salió con un cuaderno bajo el brazo.

—¡Vámonos, amigo! —me animó enérgicamente.

—¿Dónde vamos tan temprano, Robert?

—Ayer descubrí un sitio que quiero que veas antes de realizar la siguiente tarea que he pensado para ti, iremos andando.

—Muy bien, me vendrá bien, hace tiempo que apenas me muevo.

—¡No hace falta que lo jures! ¡Ja, ja, ja, ja!

Y su cariñoso golpe en mi hombro me hizo avanzar hacia la puerta...

Comenzamos a caminar y al poco tiempo, cuando iba a encenderme un cigarro, Robert paró mi mano.

—Toni, ¿has pensado dejar de fumar alguna vez?

—Sí, claro, muchas veces, en una ocasión estuve casi una semana, eso fue lo máximo que he conseguido, pero al final siempre hay algo que me hace volver a caer y me empuja a fumar de nuevo.

—¿Te parece que estos días que estaremos juntos cada vez que vayas a fumar un cigarro me informes de que lo vas a hacer? Y así yo podré contar cuántos fumas al día.

—Sí, claro, me parece buena idea. —Y de esta forma, un poco intimidado, volví a guardar el cigarrillo, me pareció que no era momento de volver a fumar; y seguimos caminando.

Casi treinta minutos después llegamos a un bar en el que jamás había estado y al que por supuesto nunca hubiera ido andando desde casa. Mi camisa estaba empapada en sudor y mi respiración era más forzada de lo normal, no recordaba cuándo fue la última vez que anduve tanto, ni desde cuándo no ofrecía a mi cuerpo la posibilidad de hacer algo de actividad física.

—Es aquí, creo que ofrecen buen servicio, he visto que siempre hay mucha gente y he reservado mesa para nuestro desayuno.

Pasamos y nos acomodaron en una mesa que nos habían preparado junto a la gran cristalera de uno de los laterales del local. Las vistas a las montañas y a la ciudad de Los Ángeles eran espectaculares, pero Robert no la había elegido por eso.

—Mira, Toni, ¿ves ese edificio? ¿Sabes lo que es?

—No. —Jamás había lo había visto y desde donde estábamos no podía leer el pequeño cartel que colgaba sobre la puerta de entrada.

—Es un alberge municipal. En él duermen muchos indigentes, personas sin hogar que viven en la calle y cuyas vidas no van más allá del ahora, sobreviven al momento presente y buscan ayuda allí donde la ofrecen.

Y así, mientras desayunábamos, de manera suculenta, por cierto, fuimos viendo salir a vagabundos desnutridos, otros con sobrepeso, pero muy mal vestidos, a otros con ropas más adecuadas y algo cuidadas, y sorprendentemente a personas que, por su aspecto, nadie hubiese pensado que durmiesen en lugares como ese.

Todos tenían algo en común, bajo sus brazos siempre abrazaban una mochila, una bolsa o una maleta, donde pensé que iban todas sus pertenencias. Fue duro, y mucho más viéndolo desde mi posición, junto a un capuchino y un cruasán recién hecho en mi mano.

—¿Crees que son estas personas diferentes a los que viven en las casas que vimos ayer, Toni?

—Pues sí, claro, ellos son mucho más pobres, no tienen nada comparado con los que viven en Beverly Hills.

El silencio de Robert me hizo continuar hablando.

—Estas personas quizás no hayan tenido las mismas oportunidades o la vida los ha llevado a esta situación, quizás no pudieron hacer nada por evitarlo porque algunos no parecen vagabundos. No sé, Robert, no entiendo a dónde quieres llegar.

—Estas personas y las que viven en las mansiones al otro lado de la ciudad son idénticas, son iguales a ti y a mí en su interior, compartimos la esencia de la creación, ya que todos llegamos al mundo en las mismas condiciones, desnudos y sin nada. Luego la vida te va ofreciendo experiencias y realidades muy distintas que te hacen tomar uno u otro rumbo, pero, al fin y al cabo, TODOS somos iguales. Solo hay algo que marca la diferencia.

Robert guardó silencio y comió tranquilamente su sándwich de algo que no me atreví a preguntar.

—¿Qué es eso que marca la diferencia, Robert?

—Las decisiones. Tu vida no es más que el resultado de tus decisiones...

> *"Son tus decisiones y no tus condiciones las que determinan tu futuro".*
>
> **Tony Robbins**

Robert continuó.

—Tu hermano también llegó a conocer a una de las vecinas de los doctores que visitamos ayer; siempre muestra orgulloso su foto junto a ella, tuvo la suerte de coincidir en una cena benéfica los días que pasó aquí. La gran admiración que Ángel le tiene, en gran medida, es debido a la humildad y cercanía que pudo recibir de ella en esa cena.

»Vive justo en la casa de al lado que vimos ayer y, al parecer, ella sí pasa ahí la mayor parte del año, incluso la usa como lugar de trabajo, ya que se dedica al mundo de la televisión, de las entrevistas, y en muchas ocasiones ha usado su propio jardín o algunas de las salas interiores.

»Esa casa pertenece a la mujer afroamericana más rica del mundo y al mismo tiempo a la mayor filántropa de la historia. Ha donado millones de dólares a causas muy diversas, ha creado proyectos educativos para jóvenes afroamericanas, museos, hospitales en el tercer mundo y ha defendido un sinfín de causas humanitarias gracias a su poder adquisitivo.

»Pero ella no nació en las mejores condiciones, no llegó a esa mansión de la mano de sus padres, todo lo contrario, se crio en condiciones de extrema pobreza junto a su abuela materna, ya que su madre la trajo al mundo con tan solo catorce años. En su adolescencia sufrió abusos sexuales por parte de algunos miembros de su familia y repitió el patrón de su madre, quedando embarazada a su misma edad. Por desgracia su hijo murió de forma prematura y este hecho le hizo tomar la determinación de que su vida no podría seguir siendo aquello que por nacimiento le venía establecido.

»Fue su padre quien la ayudó a romper con la tradición. Ella optó por irse a vivir con él y esta decisión le cambió la vida.

»Comenzó su carrera hacia el éxito el día en que escapó de casa, el día que decidió ir a buscar a su padre. Él estableció normas, límites, y le enseñó el valor de la responsabilidad, ella comenzó a soñar con una vida distinta; él le ofreció la posibilidad de estudiar y ella no la desaprovechó. El resto ya es historia, esta mujer es Oprah Winfrey, la comunicadora más famosa de Estados Unidos y del mundo.

»Y, como puedes imaginar, también podría ser cualquiera de estas mujeres que ves salir del albergue. Su vida la estaba llevando hasta ahí, a no tener nada, a no ser nadie, pero ella decidió lo contrario. Encontró su propósito en la comunicación, en aquello que tanto le gustaba desde niña, cuando entrevistaba a muñecos hechos con mazorcas de maíz, y fue así como puso rumbo a sus sueños y estos finalmente la alcanzaron.

"El descubrimiento más grande de todos los tiempos es que una persona puede cambiar su futuro con solo cambiar su actitud".

Oprah Winfrey

»Y ahora, Toni, te repito una pregunta que te hice ayer: ¿te gustaría vivir en una de esas mansiones?

—Sí, ya sé, te refieres a si comprendo ahora que vivir en una casa así no tiene por qué significar que en ella vivan personas egoístas, vacías de sentimientos y arrogantes, ¿verdad?

—Y no solo eso, piénsalo bien, si de verdad quieres aportar a esta sociedad y ayudar al prójimo, ¿desde dónde te resultará más fácil, desde tu vida en un albergue como ese o desde una mansión en Beverly Hills? No es necesario que poseas una casa como esa, pero es imprescindible que poseas una mentalidad de abundancia, porque sin ella todo te resultará mucho más difícil, lento e incluso inalcanzable.

—Pero esa mentalidad, ¿en qué consiste?

—Poco a poco, amigo, solo te diré que ya has comenzado a alcanzarla, puesto que, como dijo Confucio: "Un viaje de mil leguas comienza con el primer paso". Y tú ya lo has dado, ahora vayamos a buscar qué has venido a hacer aquí.

—¿Al albergue?

—No, ¡ja, ja, ja, ja! —Golpeó mi hombro una vez más, suerte que acababa de soltar el café—. Me refiero a este mundo, al planeta tierra. Con qué misión Dios te ha creado, porque sabes que cada uno tenemos un don natural, ¿verdad? Y solo si vives según tu propósito, tu vida será plena y gozarás de la satisfacción de sentirte realizado, solo de esta forma alcanzarás el éxito. Porque hay otros caminos para lograrlo, otras maneras de sentirse exitoso, pero solo desde tu propósito de vida serás la persona que has venido a ser. Y ahora vamos a comenzar… vamos a la playa.

Volvimos andando hasta casa sin apenas cruzar palabra, solo cuando hice el intento de sacar un cigarro de mi bolsillo Robert volvió a pararme.

—Amigo, ¿cuántos cigarros te has fumado hoy?

—Ninguno, aún no he podido.

—¿Y cuántos crees que debes fumarte al día?

—Hombre, deber no debería fumar ninguno.

—Y si decidieras fumar menos, ¿cuántos crees que sería lo mínimo que tendrías que fumar cada día?

—A este ritmo, muchos menos, creo que, con unos ocho, quizás diez, aguantaría bien.

—Muy bien, es un gran paso. ¿Crees que puedes aplazar el primero hasta que lleguemos a la playa?
—Lo intentaré, Robert.
—¿Cómo has dicho?
—Perdón, perdón, nada de intentarlo, lo haré, no fumaré hasta llegar a la playa, está hecho.
—¡Eso es, amigo! ¡Ja, ja, ja, ja! —Sonreí y aguanté, orgulloso de mí mismo, su cariñoso e intenso golpe en mi hombro—. Aprendes muy rápido, Toni, quizás también seas tan listo como tu hermano, ¡ja, ja, ja, ja!

Robert me pidió que le llevara a la playa Venice Beach y deduje rápidamente por qué la eligió. Allí había uno de los gimnasios más importantes de la ciudad y probablemente el gimnasio al aire libre más famoso del mundo, por él han pasado muchas estrellas de Hollywood para lucir su cuerpo sobre la arena de la playa y entrenar al aire libre viendo una espectacular puesta de sol.

Pensé que allí Robert se sentiría como en casa, yo, mientras tanto, me dedicaría a tomar el sol y leer algunos de los libros que Ángel me dejó sobre la mesa, sin más explicaciones, justo antes de marcharse. No sabía por cuál empezar, por el pequeño, *Cómo piensa un hombre*, o por el más grueso, *La voz de tu alma*, pero no tuve que decidirme aún, Robert cambió mis planes...

—Toni, he preparado tu siguiente lección por escrito, te agradecería que la leyeras tranquilamente en la playa cuando hayamos llegado y nos separemos, yo estaré en el gimnasio, que imagino ya conocerás, calculo que por un par de horas. Si te surgen dudas, allí podrás encontrarme, creo que te la he redactado de forma muy sencilla y que no te resultará difícil comprenderla. ¿Te parece? —me preguntó mientras me entregaba un sobre. Esto me recordó a la carta de mis padres y cómo esta había transformado mi forma de ver la vida, ahora un nuevo escrito me sorprendía en todo este proceso, pero estaba impaciente por abrirlo...

Llegamos al Muscle Beach, y tal y como había observado en otras ocasiones, aquel lugar era todo un espectáculo. La mezcla de colorido de la playa, el habitual cielo azul, el verde del mar y las palmeras, la calidez de la arena blanca y la luminosidad del sol que bañan habitualmente el lugar lo convierten en un paraje idílico para descansar o divertirte, desde pasear o disfrutar de alguna actividad deportiva a simplemente sentarte sobre la arena y observar, impregnarte de los olores del mar, de los sonidos de aquella playa que se introduce en la ciudad o de aquella ciudad que nace desde la arena de la playa. Toda una suerte poder estar allí junto a Robert.

—Bien, pues aquí nos veremos, amigo, voy a pasar y demostrar a estos americanos cómo se levantan pesas de verdad, ¡ja, ja, ja, ja! —Y esta vez se dirigió hacia mí, me dio un fuerte abrazo y me habló en tono más serio—. Espero que te sirva esta tarea y le des la importancia que se merece, es el comienzo de todo tu proceso.

Me estrechó la mano y se marchó, pero cuando solo había avanzado unos metros se giró y volvió a llamarme.

—¡Toni! Tendré el móvil disponible por si te apetece fumar, infórmame, ¿vale?

Justo en ese instante recordé que llevaba mucho sin fumar y me llevé la mano al bolsillo, allí estaba mi tabaco, preparado para cuando lo necesitara, pero el lugar y la mirada de Robert me hizo devolverle un *ok* y continuar mi camino, podría aguantar hasta después de comer.

Caminé un poco por el paseo, me senté sobre una de las pequeñas dunas de césped que se elevaban sobre la arena de la playa y, sin poder retrasarlo más, abrí el sobre.

Toni, esta es una tarea que tendrás que desarrollar tú, desde tu interior y en paz contigo mismo y con tu alma. Para ello te dejaré dos días a contar desde hoy, nos veremos aquí a esta misma hora pasado mañana, espero que para entonces te hayas encontrado y que llegues a descubrir tu propósito de vida... Te quiero, amigo.

¡Wow! Me dejaba dos días para leer y reflexionar sobre aquello, debería ser muy intenso todo lo que me pedía, no pude más que continuar leyendo allí mismo, a un lado de la calle, junto al mar, pero rodeado de personas que paseaban, circulaban en patines, en bici o corrían al sonido de las olas del mar, juntos creaban un murmullo que se convirtió en silencio cuando continué leyendo...

Estás en esta hermosa playa, agradece la fortuna que tienes de encontrarte hoy aquí, agradece cada uno de los acontecimientos que te rodean, de la vida que hoy disfrutas, porque, si te paras a pensar, descubrirás que, aun no teniendo del todo las mejores de las circunstancias de vida que un ser humano puede desear, podrían ser muchísimo peores. Así que busca cada una de las razones por las que debes dar gracias, desde tu respiración hasta la posibilidad de leer este escrito, agradécelo todo de corazón y repite esta frase: **"Por todo ello, doy gracias, me acepto y me amo, GRACIAS".** *A modo de mantra, debes repetírtela todas las veces que puedas, no solo antes de empezar este ejercicio, sino durante el día, y cada uno de los días, al menos hasta que yo me marche. Te ayudará a valorarte tal y como eres, con cada uno de tus defectos, con cada una de tus creencias limitantes y áreas de mejora, pero sabiendo que estás en un proceso de crecimiento que* *solo podrá dar frutos en la medida que tú te aceptes y decidas amarte pese a todo, porque no podrás amar ni valorar a otros mientras tú no te ames y te valores a ti mismo. Y esta será la base del proceso de búsqueda de tu propósito de vida, que no llegarás a encontrarlo si no eres capaz de vivir desde el amor. Porque cuando actúas desde tu propósito de vida, irremediablemente lo haces ayudando a los demás. Estarás haciendo lo que de verdad te gusta hacer, aquello con lo que disfrutas y mayor satisfacción te genera, pero al mismo tiempo estarás aportando a otros lo que necesitan y que tú mejor que nadie podría entregarles.*

Para descubrirlo te propongo tres ejercicios que espero realices en lugares como este, cercanos a la grandeza de la naturaleza, ya sea el mar, la montaña o un simple parque con árboles y jardines, pero déjate influenciar por la energía de la naturaleza y disfruta...

1.- Millonario instantáneo...

Imagina que, de la noche a la mañana, te has convertido en una persona millonaria, que tienes todo el dinero del mundo y que este ha dejado de ser uno de los impedimentos que te paralizan ante aquello que deseas en tu vida. Sin riesgo a perder, ya que podrías reponerte fácilmente, ¿qué intentarías lograr? ¿A qué te dedicarías sabiendo que no es posible el fracaso económico? ¿Qué proyecto o proyectos iniciarías con esta tranquilidad?...

2.- Las diez cosas que más feliz me hacen o me han hecho.

Ahora debes escribir diez cosas que te hagan feliz o que hayas hecho en alguna ocasión y puedas valorar como acciones que te hayan causado felicidad. Escríbelas y reflexiona.

¿Crees que en alguna de ellas puede estar tu propósito?...

3.- Las tres preguntas con propósito.[1]

1 ¿Qué cualidades personales te distinguen y te caracterizan? Enumera al menos dos.

2. ¿De qué forma puedes llevar a cabo esas cualidades personales en tu relación con los demás? ¿Cómo puedes desarrollarlas en tu día a día?

Responde eligiendo de una a tres formas en las que podrías ayudar a otros mientras disfrutas expresando tus calidades principales.

3. ¿Cómo sería para ti un mundo perfecto? ¿Cómo lo ves? ¿Qué hacen las personas? ¿Cómo se sienten? Y tú, ¿qué haces?, ¿cómo te sientes?...

Realiza una descripción, por escrito, de tu mundo perfecto, donde todos viven felices, y hazlo de la forma más detallada posible en tiempo presente y recordando que, ante todo, es un lugar divertido.

Y ahora mezcla las palabras y enunciados que fuiste respondiendo en cada una de las preguntas y redacta un único escrito que una tus respuestas; puedes sacar solo uno o varios, luego quédate con el que más resuene en tu alma.

Por último, busca un lugar tranquilo, elige una música que te relaje, lee tu propósito de vida un par de veces, cierra los ojos... y **pregúntale a tu corazón**... ¿Realmente esto hace que me sienta afortunado? ¿Hay algo más que me haga sentirme dichoso y en paz?... ¿Es exactamente el enunciado que he escrito mi propósito de vida? ¿Cuál es

---

1 Este ejercicio es una adaptación del propuesto por Jack Canfield en su libro, "Los principios del éxito".

mi propósito aquí? Si tuviera todo el dinero y el tiempo del mundo, ¿sería esto lo que continuaría haciendo?... Escucha la respuesta de tu corazón...

Si realmente es ese EL ENUNCIADO DE TU PROPÓSITO DE VIDA, sentirás una sensación de plenitud, de paz interior, incluso la expresión de tu rostro será de alegría, si no sucediera esto, si te llegaran sentimientos enfrentados, de incertidumbre, significará que aún no lo has encontrado, que no está ahí la respuesta, deberás seguir buscándolo...

Espero que seas capaz de encontrarlo e incluso de redactarlo tal y como te he propuesto, pero en ocasiones no resulta fácil, quizás no lo localices a la primera. Si fuera este tu caso, no debes preocuparte, déjalo ir, para de pensar en la actividad y busca una distracción, algo que rompa con la concentración del momento y te haga olvidar la tarea. Luego, pasadas unas horas, vuelve a intentarlo con alguna de las acciones que te he propuesto, no hace falta que respetes el orden, ni siquiera que las hagas todas, elige aquella o aquellas que más te gusten y repítelas, puede que esta segunda vez te surja algo más claro...

Deseo que lo consigas, pero si no llegaras a redactar tu propósito, tampoco te obsesiones, como ya te he dicho TODOS tenemos un objetivo en la vida, una razón para estar aquí, y tú no vas a ser menos, yo te ayudaré a descubrirlo, ninguno de mis clientes ha estado más de una semana sin encontrarlo, tú no serás el primero, te lo aseguro.

Ahora, vamos, amigo. Camina, comienza, tu vida está a punto de despegar...

Unos ejercicios para el éxito...

"LA ÚNICA MANERA DE HACER UN GRAN TRABAJO ES AMAR LO QUE HACES. SI NO LO HAS ENCONTRADO, SIGUE BUSCANDO. NO TE CONFORMES".

Steve Jobs

¡Agradece! Puedes comenzar con un ejercicio que te aportará mucho más de lo que crees, ya que el agradecimiento es uno de los pilares más potentes en tu capacitación personal. Haz una lista que incluya cada una de las cosas por las que hoy debes estar agradecido.

"La gratitud abre la puerta al poder, a la sabiduría, a la creatividad del universo".

Deepak Chopra

Escribe el siguiente mantra y repítelo varias veces al día hasta que lo integres en tu vida y lo digas de forma automática... **"Gracias, me acepto y me amo, GRACIAS"**.

Realiza cada uno de los ejercicios que Robert recomienda en este capítulo, REDACTA TU PROPÓSITO DE VIDA y vive por y para alcanzarlo. Recuerda que tu propósito está allí donde se unan tus capacidades, tu vocación, ayuda a los demás y las posibilidades de negocio...

Tu propósito de vida

Ahora encontrarás de nuevo los ejercicios propuestos en el capítulo, incluyendo algún ejemplo. Ten presente que el mejor lugar para realizar cualquiera de ellos es en la naturaleza, el mar, la montaña, el bosque... te facilitarán la conexión con tu ser más elevado.

1.- Millonario instantáneo...

Imagina que, de la noche a la mañana, te has convertido en una persona millonaria, que tienes todo el dinero del mundo y que este ha dejado de ser uno de los impedimentos que te paralizan ante aquello que deseas en tu vida. Sin riesgo a perder, ya que podrías reponerte fácilmente, ¿qué intentarías lograr? ¿A qué te dedicarías sabiendo que no es posible el fracaso económico? ¿Qué proyecto o proyectos iniciarías con esta tranquilidad?...

2.- Las diez cosas que más feliz me hacen o me han hecho.

Ahora debes escribir diez cosas que te hagan feliz o que hayas hecho en alguna ocasión y puedas valorar como acciones que te hayan causado felicidad. Escríbelas y reflexiona.

¿Crees que en alguna de ellas puede estar tu propósito?...

3.- Las tres preguntas con propósito

1. ¿Qué cualidades personales te distinguen y te caracterizan? Enumera al menos dos.

    Responde eligiendo de una a tres cualidades que creas que te distinguen entre los demás, por ejemplo: alegría y gusto por las plantas.

2. ¿De qué forma puedes llevar a cabo esas cualidades personales en tu relación con los demás? ¿Cómo puedes desarrollarlas en tu día a día?

    Ahora elige de una a tres formas en las que podrías ayudar a otros mientras disfrutas expresando tus calidades principales. Por ejemplo: "Ayudar en el cuidado y creación de jardines, alegrar la vida de los demás gracias al cuidado de las plantas, formar a otros en el conocimiento y cuidado de pequeños jardines y huertos ecológicos en su propio hogar".

3. ¿Cómo sería para ti un mundo perfecto? ¿Cómo lo ves? ¿Qué hacen las personas? ¿Cómo se sienten? Y tú, ¿qué haces?, ¿cómo te sientes?...

LA IMPORTANCIA DE UN PROPÓSITO...

Realiza una descripción, por escrito, de tu mundo perfecto, donde todos viven felices, y hazlo de la forma más detallada posible en tiempo presente y recordando que, ante todo, es un lugar divertido. Por ejemplo:

"Todos viven en paz, armonía y disfrutan de casas llenas de jardines y huertos ecológicos que les permiten relajarse y disfrutar de momentos de ocio y recreación".

Y ahora mezcla las palabras y enunciados que fuiste respondiendo en cada una de las preguntas y redacta un único escrito que una tus respuestas; puedes sacar solo uno o varios, luego quédate con el que más resuene en tu alma.

Por ejemplo, y en línea con todo lo que hemos ido sacando, una redacción final podría ser: *"Mi propósito de vida es mejorar la vida de las personas gracias a mis conocimientos sobre jardinería, facilitándoles la creación y el cuidado de sus propios jardines y huertos ecológicos".*

Por último, busca un lugar tranquilo, elige una música que te relaje, lee tu propósito de vida un par de veces, cierra los ojos... y **pregúntale a tu corazón**... ¿Realmente esto hace que me sienta afortunado? ¿Hay algo más que me haga sentirme dichoso y en paz?... ¿Es exactamente el enunciado que he escrito mi propósito de vida? ¿Cuál es mi propósito aquí? Si tuviera todo el dinero y el tiempo del mundo, ¿sería esto lo que continuaría haciendo?... Escucha la respuesta de tu corazón...

Te incluyo ahora, como un ejemplo más, mi propio propósito de vida,

"Ayudar a otros a alcanzar su máximo potencial en sintonía con su propósito de vida, gracias a mis clases, libros y seminarios".

Puedes ver qué importancia tiene para mí vivir con propósito definido, y es que he podido comprobar cómo las vidas de las personas mejoran y pasan a un nivel mucho más elevado cuando consiguen esta meta. Y lo más bello y divertido de la vida es que, además, tu propósito no siempre debe ser el mismo... A lo largo de tu partida, de tu caminar, probablemente descubras que lo que antes era tu gran pasión y vocación te ha llevado a encontrar otra, que, de pronto, pasa a ser tu gran llamado, y sientes que es ahí donde vives tu plena realización. Es probable que ya te haya pasado o quizás aún no lo hayas experimentado ni lo vayas a experimentar nunca, pero debes saber que, si llegara el caso, no es más que una parte natural de tu evolución, de tu crecimiento personal, y que es ahí donde va tu interés, donde estará tu nuevo propósito.

Yo ya he transitado por ese camino y, si miro atrás, hace veinte años, cuando comencé mi carrera de docente, mi propósito estaba en educar y formar a jóvenes según el sistema establecido, mostrándome como el profesor vocacional que siempre he sido. Hoy, muchos años después, me defino como un profesor de vida, como un *coach*, que lejos del currículum académico y del sistema establecido, quiere ayudar a otros a descubrir que la felicidad en la vida no está en los estudios, sino en la pasión por lo que haces; y a ella puedes llegar de muchas formas...

"Solo nos haremos grandes en la medida que seamos capaces de entregarnos a algo más grande que nosotros mismos"

LA IMPORTANCIA DE UN PROPÓSITO...

Brian Tracy

¿Te atreves a soñar?...

CAPÍTULO 7

El valor de tus valores...

"Procure no ser un hombre con éxito, sino un hombre con valores"

Albert Einstein

Habían pasado cuarenta y ocho horas, dos días y una noche, en la cual apenas pude dormir; no solo tuve que buscar mi objetivo prioritario, como me había pedido Robert, también me propuse asimilar todas las enseñanzas que en tan poco tiempo habían llegado a mi vida, y por momentos, volver a mi pasado a comprobar cómo fui escribiendo mi destino en hojas rotas de cuadernos perdidos que nunca fueron míos.

Siempre me consolé pensando que la culpa era de otro, que la vida se había negado a sonreírme y jamás pondría en mi camino aquello que hiciera cambiar mi destino. Ahora, en menos de una semana, había descubierto que la vida jamás te sonríe si no lo haces tú primero, porque, aunque lo hiciera, tú no verías su sonrisa; que el destino no está escrito, que eres tú quien ordena su redacción con cada una de tus decisiones y, de esta forma, puedes programarte para el éxito, o por el contrario, programarte para el fracaso, quedando a la espera de aquello que también tú, pero esta vez de forma inconsciente, elegiste vivir.

Y allí estaba yo, nuevamente en la puerta de aquel gimnasio esperando al grandullón que había venido a ayudarme, a hacerme consciente del cambio de vida que necesitaba, a sacarme del pozo donde yo mismo acabé metiéndome. No tuve que esperar mucho, Robert venía con su mochila al hombro, y por su aspecto parecía que su jornada deportiva ya había acabado. Mientras llegaba donde estaba yo, se despidió muy afectuosamente de al menos cinco personas que se cruzaron en su camino, me pregunté si Robert habría llegado a salir de allí en todo este tiempo que no nos habíamos visto.

—¡Hey, Toni! ¿Qué tal ha ido, amigo? —Y me estrechó en un fuerte abrazo en el que pude sentir la enorme masa de músculos que era Robert y quedé impregnado en un dulce aroma a perfume fresco y elegante.

—Bien, creo que he podido hacer lo que me pedías y he encontrado cuál es mi propósito, además he reflexionado mucho sobre estos últimos acontecimientos y todo lo que me habéis enseñado. Mi vida ha cambiado para siempre, Robert, tengo tanto que agradeceros a ti y a mi hermano.

—¡Ja, ja, ja! Eres muy grande, Toni. —Y esta vez no golpeó mi hombro, solo echó su brazo derecho sobre mi cuello y me empujó hacia delante animándome a caminar—. ¿Te parece que paremos un rato en la playa y me cuentes cómo te fue?

—Sí, me parece genial, he estado mucho tiempo junto al mar, en esta y otras playas menos concurridas que esta, buscando la inspiración que necesitaba para realizar lo que me has pedido.

—Genial, no te lo vas a creer, pero yo, prácticamente, no me he movido de aquí. Son tipos muy simpáticos, y como siempre ocurre, toda la dureza que aparentan exteriormente no es más que el envoltorio que protege un gran corazón, tierno y bondadoso.

»Mi hotel está a solo cien metros, y he podido jugar a rugby, básquet, vóley, todo aquí, ¡en la playa! Montar en moto de agua, correr al atardecer por este concurrido paseo como tantas veces había soñado. ¡Wow! Ha sido increíble, amigo, no sabes cuánto te agradezco que eligieras esta ciudad para comenzar.

—Gracias a ti, me alegro mucho de que hayas disfrutado tanto —le respondí mientras caminábamos en dirección a una de las dunas de arena que se formaban en aquella playa del distrito de Venice.

—Cuéntame, Toni, ¿has encontrado cuál es tu propósito de vida?

—Creo que sí, Robert. —Abrí mi cuaderno y le leí la redacción que elaboré la tarde anterior:

> *"Mi propósito de vida es crear obras de arte que despierten emociones en las personas y se sientan felices al verlas".*

Miré a Robert para comprobar su reacción y este, tras dos segundos de silencio y reflexión, me sobresaltó con un grito.

—¡Me encanta! ¡Está genial! No podía imaginar que llegaras a esa conclusión, ¡qué bueno! He visto algunos de tus dibujos en varias campañas publicitarias que me mostró Ángel y, la verdad, me enamoraron.

—¿De verdad? ¿Ángel sabía que eran mías esas campañas?

—Tu hermano ha estado más cerca de ti de lo que tú creías, pero era tu vida, y aunque le doliera, siempre se mantuvo al margen. No te imaginas la sorpresa que nos supuso a todos cuando Rosa volvió a casa hace unos años diciendo que te había conocido y que, además, se había enamorado de ti en un curso al que ni siquiera debería haber ido ella; la entrada era de Ángel, de tu hermano, él la había sacado meses antes, pero finalmente por un compromiso muy importante de trabajo y puesto que ya había estado en varias ocasiones, decidió ceder su entrada a Rosa, que nunca había estado en EE. UU. En ese momento, no podíamos imaginar cómo se estaba gestando todo, cómo Dios, el universo, o como quieras llamarlo, reordenó los hechos para que, tal y como Ángel deseaba desde hacía tanto tiempo, acabaras volviendo a su vida de la manera más mágica y hermosa que podía haber sucedido, enamorándote de nuestra gran amiga en el otro extremo del mundo.

—No me lo puedo creer, Rosa jamás me habló de todo eso, nunca me habló de lo que dejó por mí, de ustedes y de la gran familia que tengo, y jamás supe valorar, he perdido tanto tiempo de mi vida, ¿qué es de ella ahora? ¿Ha vuelto a su trabajo con Ángel?

—Hace mucho que no la veo, me he dedicado en estos últimos meses a trabajar fuera de España y lo último que sé de ella es que se ha aficionado a la fotografía como Tía Lui y viaja mucho de un lugar a otro. La última vez que nos reunimos, Tía Lui dijo que pronto sería mucho mejor que ella; tu tía, tan humilde como siempre.

—Me encantaría volver a verla, hace más de treinta años que no la veo, y me habéis contando tanto de ella que estoy deseando viajar a España para estar a su lado. En estos días he decidido otras cosas, Robert, no solo mi propósito de vida, también he pensado cómo quiero vivir y cómo voy a organizar mi vida. Me encantaría volver y empezar de cero, cerrar todas mis deudas, todo lo que dejé pendiente allí y comenzar una nueva vida; y así lo haré.

»En cuanto hayamos acabado intentaré volver a España, buscar trabajo, empezar nuevamente, pero esta vez todo será distinto, mis principios y mis valores ya no son los que eran, yo no soy el que era.

—Me parece genial, Toni, la salida aquí la tienes fácil, tu hermano, como te dije, ha pagado todas tus deudas.

—¿Cómo dices? —No podía creer lo que había oído.

—Sí, ya te lo dije el día que nos conocimos y me confundiste con la mafia, ¡ja, ja, ja! Vaya susto te llevaste, se va Ángel y aparezco yo, ¡ja, ja, ja! Pensabas que venía a raptarte de nuevo, ¿no? ¡Ja, ja, ja! Lo siento, amigo. —Robert no podía parar de reír, yo en cambio seguía atónito y sin comprender cómo mi hermano había zanjado la deuda de casi cincuenta mil dólares con esos chantajistas y mafiosos de Nueva York.

—Pero, ¿cómo lo ha hecho?

—No sé, eso tendrás que preguntarle a él, a mí no me sorprende en absoluto, espero que lo conozcas un poco más y te darás cuenta de cómo a su lado pasan cosas increíbles, y que, como él dice, el universo conspira a su favor. Yo ya lo he aprendido y no paro de intentarlo también, y la verdad, cada vez en más ocasiones me sucede. Fíjate los días que he pasado aquí, piensas que el universo conspira a mi favor, ¿o no?

—Pues sí, imagino.

—Yo cada día me convenzo más, solo te diré que hace unos años vi en Facebook el vídeo de un amigo en ese gimnasio y me encantó el lugar y la oportunidad de venir a esta ciudad y disfrutar de TODO lo que, con tu ayuda, estoy haciendo, y mira, aquí estamos. Si pudieras ver mi agenda podrías comprobar que hoy debería estar en Londres y mañana en Estambul, como llevo haciendo cada jueves y viernes desde hace casi tres meses, pero mira donde estoy. El CÓMO nunca está en nuestras manos, solo nos debemos preocupar por el QUÉ y luego continuar con nuestra vida, actuando según los principios y dejando que TODO suceda, con el convencimiento de que alcanzarás aquello que te has propuesto en el momento exacto y de la manera perfecta, puesto que nada sucede por casualidad y nada podemos forzar para hacer que ocurra. **Porque en el plano mental, cuanto más te esfuerzas por materializar, menos resultados obtienes, al contrario que en el plano físico**, donde si no te concentras en tu labor no obtendrás resultado en el plano no físico. Aquello que te propones no debes convertirlo en obsesión, si no que desde el convencimiento de que lo lograrás debes dejarlo en manos de Dios, del universo, y cuando hayas hecho el camino, cuando estés preparado para recibirlo, aquello que deseas se materializará ante tus ojos, y por lo que ya te he comentado, **descubrirás que llegó a tu vida justo cuando era el momento**, cuando ya eras la persona que debías ser para tener... Pero bueno, ¿cómo hemos llegado hasta aquí? Vaya sermón te he soltado, Toni.

—¡No, no! Me ha encantado. —Era mucha la sabiduría de este hombre, nadie podría imaginar que por dentro pudiera llegar a ser más grande que por fuera.

—No te preocupes, estas cosas las vas trabajar un poco más adelante, amigo, pero es que a veces no puedo evitar hablar más de la cuenta, sobre todo cuando me encuentro con gente como tú, con las que dialogar de estos temas resulta muy fácil, ¿sabes? Por desgracia no hay mucha gente con la que podamos compartir conversaciones de este tipo, gente dispuesta a escuchar, a aprender, y mucho menos a enseñar aspectos relacionados con el poder de las visualizaciones, las creencias y las leyes universales que, aunque dirijan nuestras vidas, pocos se atreven a reconocerlas.

»Pero bueno, como te he dicho ahora debemos centrarnos en otras cosas y el tiempo se nos echa encima, cuéntame cómo has llegado a este gran propósito que me has leído...

Y comencé a hablar; no sé cuánto tiempo lo estuve haciendo, pero me extendí bastante. Mientras, Robert se limitó a oírme, como jamás nadie lo había hecho, como jamás a nadie permití hacerlo.

Le conté mi duro pasado, mi incierto pero emocionante futuro, mis errores y las espinas que estos dejaron clavadas en mi corazón, la inseguridad que me planteaba mi propósito de vida en cuanto a mi futuro económico y profesional y de qué forma, al mismo tiempo, me hacía sentirme feliz cuando visualizaba una vida alrededor de él como actividad principal...

Al terminar me sentía tan bien, tan liberado, que no pude más que dar las gracias a Robert por permitirme aquella oportunidad de expresarme y de escuchar las reflexiones que un tipo como yo, con tanto que aprender, le hacía a él, quien ya había superado mucho antes todas estas lecciones de vida.

—No tienes que darme las gracias, Toni, soy yo quien te está enormemente agradecido por haber dedicado tu tiempo a aquello que te pedí, soy yo quien admira tu valentía al exponerte ante ti mismo, a tu pasado y a tus sentimientos más profundos. Para mí es un orgullo el haberte podido ayudar a encontrar tu propósito de vida, pero recuerda que todo lo has hecho tú y que a partir de ahora, tal y como verás más adelante, TODO va a depender de ti, tú eres el máximo responsable de aquello cuanto te ocurra. Todos somos compañeros de viaje, pero cada uno de nosotros elige su destino, lo sepamos o no, lo hagamos conscientemente o no, nuestro destino no es más que una elección personal, y ahora te toca a ti, ¿te atreves a elegirlo?

Aquella era una de esas preguntas que me dejaban sin respuestas, que me hacían reflexionar y dudar sobre si realmente Robert esperaba que le respondiera o no. Tras hacérmela se levantó y cogió su mochila, yo no sabía qué decir.

—Vamos, Toni, ya sé cuál será nuestra siguiente parada, fijaremos un destino a tu vida, ¿no crees? Ya tienes un propósito definido, ahora solo falta llegar hasta él. Pero lo vamos a buscar lejos de aquí, no mucho, pero sí lo vamos a hacer mientras viajamos, ¡me encanta viajar! —Soltó la mochila y extendió al cielo los brazos, sus dedos, estiró sus piernas y todo su cuerpo, lo que hizo dejarme aún más pequeñito a su lado, y seguidamente, mirando al cielo, gritó un fuerte ¡gracias!, y permaneció ahí en silencio, con los ojos cerrados y una sonrisa en su rostro, por dos o tres segundos. Tras esto y con total naturalidad, siguió riendo, cogió su mochila y mirando a los lados me dijo—:

No entiendo por qué nos miran, ¡ja, ja, ja, ja, ja, ja! —Y de nuevo echó su mano sobre mi hombro y comenzamos a andar hacia el coche.

****

Cuando salimos de la playa y comenzamos a caminar por las calles hacia el aparcamiento, sentí necesidad de fumar, esa era la única regla que me había saltado de todas las que me dio Robert. Aunque había reducido drásticamente el número de cigarrillos, no lo llamé cada vez que encendía uno, tal y como él me propuso. Saqué mi paquete de tabaco y le pedí disculpas.

—Robert, lo siento, pero no te he llamado cada vez que he fumado.

—Sí, lo he imaginado, me extrañó que no me llamases, supuse que sería por pudor y no porque no tuvieras necesidad de encender un cigarrillo. Me conformaría solo con que no hubieses fumado tanto como estos días atrás.

—Eso sí, en estos dos días apenas lo he hecho, sentía vergüenza por llamarte, y al mismo tiempo, remordimiento al no hacerlo y fumar de todos modos, pero me ha sido imposible concentrarme sin dar alguna que otra calada, aun así, fíjate. —Y mostrando el paquete de tabaco continué—. Lo comencé anoche y ya ves —apenas faltaban cinco cigarros—, después de toda una noche casi sin dormir. En otro momento habría gastado el paquete entero, y en lo que llevamos de día solo me fumé uno a las ocho de la mañana y con mucho sentimiento de culpabilidad, porque sabía que a esa hora ya podría llamarte, puesto que estarías despierto.

Robert sonrió y me respondió con tono amable como siempre.

—No te preocupes, amigo, es normal. Me conformo con que ese paquete de tabaco esté aún casi entero y que hayas conseguido darte cuenta de cómo puedes fumar mucho menos de lo que hacías, eso es un gran comienzo.

—Gracias, ¿puedo encender uno ahora entonces?

—No, aún no. —Y me miró con una expresión seria y preocupada—. ¡Ja, ja, ja, ja! —Cambió por completo la expresión de su rostro y de nuevo golpeó mi hombro fuertemente—. ¡Claro que puedes fumar! ¡Era broma! Me encanta que seas tan fiel a mis palabras, amigo. Si de verdad te apetece fumar ahora y ves que no eres capaz de esperar una hora, que será cuando lleguemos a nuestro destino, hazlo, pero solo si de verdad crees que no eres capaz de esperar una hora.

No respondí, reflexioné ante su propuesta y volví a guardar el paquete sin sacar ningún cigarrillo, podría aguantar una hora más; realmente este tipo me haría dejar de fumar...

***

—Vamos a ir a almorzar a un lugar espectacular no muy lejos de aquí, pero lo mejor no será el lugar al que vamos, como casi siempre ocurre en la vida, lo mejor será el camino que vamos a hacer para llegar hasta allí. ¿Has viajado alguna vez por la Autopista del Pacífico? —me preguntó Robert mientras caminábamos, con su actitud entusiasta de siempre.

—No, la verdad es que me he movido muy poco por aquí, nunca tuve ánimos de hacer cosas distintas, ni siquiera de divertirme, desde que llegué a Los Ángeles mi vida se fue hundiendo en los recuerdos y errores del pasado.

—Pues ha llegado el momento de resurgir y recorrer la que dicen es una de las carreteras más hermosas del mundo, me encanta el mar y la montaña y precisamente en esta autopista se unen ambas cosas, ¡vamos a descubrirla amigo! —Y echó su brazo cariñosamente en mi hombro mientras continuamos caminando hacia el coche.

Cuando comenzamos a conducir y tras haber programado el GPS, se planteaba ante nosotros casi una hora de camino hacia Malibú, otra de las zonas de ensueño de esta gran ciudad, paraíso para los surfistas y para muchas estrellas de Hollywood.

—Toni, mientras disfrutamos del viaje me gustaría hablarte de otro tema de suma importancia para alcanzar una vida de éxito, LAS METAS. Hay autores que afirman que en la vida todo son metas, que la felicidad depende de ellas y que solo cuando llegas a definirlas tu vida cobra sentido. Para mí tienen toda la razón, he podido comprobar cómo muchas de las personas con las que hemos trabajado a lo largo de todos estos años no llegaron a ser realmente felices hasta que no tuvieron claro qué era aquello que querían lograr, por qué y para qué. Solo entonces sus vidas cobraron sentido y comenzaron a sentirse totalmente realizadas, encontraron su propósito y alrededor de él establecieron sus metas.

»Un amigo francés me contó la historia de un importante chef que en la selección de personal para su cocina siempre hacía la misma prueba y lanzaba la misma pregunta. Pedía a sus aspirantes que pelaran patatas y así los mantenía por casi treinta minutos, sin más explicación que la de completar la tarea sin límites de tiempo ni cantidad de patatas. Pasado el tiempo establecido, uno de sus ayudantes de cocina iba y preguntaba al aspirante qué estaba haciendo y la respuesta que obtenía se la transmitía al chef. Este siempre clasificaba las respuestas y el perfil de los cocineros en tres tipos, los peladores de patatas, los perfeccionistas y los soñadores. Por supuesto solo estos últimos eran los que ingresaban en su equipo.

»Los peladores de patatas respondían siempre con la misma frase, "pelando patatas" simplemente, podían añadir alguna información más en cuanto a la cantidad o el tiempo que llevaban, pero, en resumen, su respuesta era simplemente esa.

»Por otro lado, los perfeccionistas elegían la respuesta pensando en el chef, "intento pelar patatas de la mejor manera posible o espero que sean de su agrado". De esta manera enfocaban su respuesta a la forma en que desarrollaban su trabajo.

»Y, por último, los soñadores respondían con un estilo peculiar, "preparando la base de muchos de los espectaculares platos de este restaurante". Sus respuestas iban más allá de la simple tarea encomendada, iban cargadas de ilusión, de metas, de sueños. Aunque comenzaran con la más sencilla de las tareas, en su horizonte había mucho más, no en vano estaban en uno de los mejores restaurantes de París.

»Cuando vives por y para una meta, tu vida cobra sentido, tal y como defendía Viktor Frankl, el psiquiatra y padre de la logoterapia: *"si encuentras un porqué serás capaz de soportar cualquier cómo"*. Tu vida cambia si te mantienes enfocado en tus metas, pero realmente pocas personas saben qué son metas y muchas menos las que las tienen definidas en sus vidas.

»¿Te has planteado metas alguna vez?

—Sí, claro, pienso que todo el mundo a lo largo de su vida se ha planteado metas. —A mi mente acudieron errores cometidos en pos de metas egoístas y cuyo único fin era la mejora de mi situación económica, cosa que, por otro lado, siempre acababa resultando perjudicial en mi vida—. Yo sí he tenido metas, aunque realmente no me enorgullezco de la mayoría de las que he perseguido en mi vida, siempre acabaron siendo negativas, y he descubierto cómo muchas de ellas causaron más daño que beneficios, tanto a mí como a los que me rodeaban.

—Eso que perseguías eran objetivos que jamás estuvieron alineados con tu propósito de vida ni con tus valores, y por ello, aun cuando llegaste a alcanzarlos, no te proporcionaron la satisfacción del logro, puesto que realmente acabaron llevándote a donde no querías. S. Covey nos dice en su obra maestra, *Los siete hábitos de la gente altamente efectiva*, que en nuestro ascenso hacia el éxito tenemos que tener muy claro sobre qué edificio dejamos caer la escalera, puesto que, en ocasiones, descubrimos que al llegar arriba nos encontramos en el lugar equivocado. El edificio hace referencia a los valores, los principios sobre los que fijamos nuestras metas más elevadas, ya que si no descubrimos claramente cuáles son, probablemente acabemos obteniendo resultados distintos a los deseados. Antes de fijarte metas debes tener bien definidos tus valores, tus sentimientos más profundos, aquellos que guían tus pasos y te mueven en esta vida. He encontrado gente que todo lo hacía por amor, otros por su familia o incluso por la sensación de libertad, pero en general, sean cuales sean tus valores, si tus metas van unidas a ellos las posibilidades de éxito se disparan, puesto que los logros y premios, una vez alcances la cima, serán muchísimo más satisfactorios.

—Tienes razón —afirmé aceptando como cierto todo lo que me había dicho; mientras ante nosotros se abrían hermosos paisajes, que tal y como me adelantó Robert, mezclaban mágicamente la grandeza de la montaña y el azul del océano Pacífico.

"Si desea ser feliz, fíjese una meta que guíe sus pensamientos, libere su energía y aliente sus esperanzas"

Andrew Carnegie

—Pero realmente, aunque creas que mucha gente se propone metas o tiene metas, solo un 3 % de la población actúa según las mismas y las trabaja como debería. La gran mayoría lo que realmente tienen son deseos, sueños, que jamás llegan a hacer realidad porque nunca se paran a pensar si podrían transformarlos en metas, y mucho menos, crear un plan para conseguirlas. Nuestro cerebro es un órgano al que le encanta perseguir metas, y una vez se las proponga, no parará hasta conseguirlas.

—Y entonces, perdona, ¿por qué crees que el 97 % de la población no se propone metas? —interrumpí con mi duda la explicación de Robert.

—Buena pregunta, amigo, la descubrirás un poco más tarde, en cuanto paremos, porque hay varios motivos claros por los que la gente no suele proponerse metas, pero... —Y tras una breve pausa, un fuerte grito rompió la tranquilidad de la conversación—: ¡Mira! ¡Vaya playas y qué olas! Es precioso, ¿eh, Toni? Nos lo estamos perdiendo con tanta conversación, ¿te parece que durante unos minutos te concentres en la carretera y los paisajes que la conducción te permita apreciar y, mientras, pienses cuáles crees que serán esos valores sobre los que construyas tus metas, ese edificio sobre el que pondrás tu escalera de ascenso al éxito? Tu pregunta te la responderé cuando lleguemos.

—Vale, lo intentaré, pero he de reconocer que hace mucho tiempo que no reviso mis valores.

—Lo imaginaba, es lo normal, es muy común parar y dedicar un tiempo a programar o preparar unas vacaciones, pero muy pocos se detienen a revisar y programar su vida, tú estás empezando a hacerlo y no te arrepentirás. Te diré una cosa, Robert, recuerda que las grandes catedrales no seguirían hoy de pie si antes, quienes las construyeron, no hubieran dedicado tiempo y esfuerzo a cavar hondo para comenzar desde muy abajo, donde nadie puede ver su belleza, y, sin embargo, paradójicamente, es ahí donde se sustenta toda su majestuosidad con el paso del tiempo.

»Busca tus valores, amigo, ellos, junto a tu propósito de vida, serán la base de tu felicidad.

Y mientras realizaba esta búsqueda en mi interior, con paisajes de películas como inspiración, continué conduciendo hacia Malibú, lugar desde donde programé una vida de ensueño.

Unos ejercicios para el éxito

No te molestes por cuántas decisiones equivocadas tomaste en el pasado, no creas que fueron errores que te hicieron retroceder, obsérvalos como experiencias que te ayudaron a ser quién eres hoy y que te han permitido o te permitirán alcanzar logros más elevados en tu vida. Desde hoy vive como te propone Robert, siendo un paranoico a la inversa, piensa que el universo conspira a tu favor, de pronto te verás envuelto en continuas situaciones favorables y beneficiosas para ti... ¡Es que todo el mundo está a tu favor!

1.- Anótalo en tu cuaderno: "EL UNIVERSO CONSPIRA A MI FAVOR"... No paro de atraer situaciones que me favorecen y personas que vienen a ayudarme en mi camino hacia el logro de mis metas. Sonrío a la vida porque la vida me sonríe...

Escribe aquello que te inspire y que te haga sentir que todo te va a salir bien, porque desde hoy eres un imán para las cosas positivas... Y recuerda, si sucede lo contrario, eso también vino para ayudar, solo dale tiempo y descubrirás la semilla de valor que trae oculta.

2.- Párate a pensar en tu listado de valores, ¿cuáles son tus valores fundamentales sobre los que se mueven tus principios de vida?

Del listado siguiente selecciona entre cinco y diez valores que representen los pilares de tu personalidad, tus principios básicos, los cuales fijarán la base de todo lo que trabajes y persigas en tu vida.

Encuentra la piedra angular de tu ser en los valores fundamentales, porque podrán hacerte daño, podrán convencerte para que cambies de opinión, pero la definición de tus valores más profundos solo depende de ti y sobre ellos nacerá todo lo demás.

CAPÍTULO 8

Metas, claras y específicas

"Tiene que haber razones por las que te levantas por la mañana y quieres vivir. ¿Por qué quieres vivir? ¿Cuál es el objetivo? ¿Qué te inspira?"

Elon Musk

Robert rompió el silencio del viaje pidiéndome que parásemos en uno de los miradores habilitados al borde de la carretera, estos estaban construidos sobre hermosos acantilados la mayoría de las veces. Concretamente, desde este, divisábamos una hermosa playa de arena blanca donde decenas de surfistas desafiaban el envite de las olas, las cuales casi duplicaban la altura de cada uno de ellos.

—¿Has hecho surf alguna vez? —me preguntó Robert señalando los que ocupaban el mar azul que se abría ante nosotros.

—No, como ya te he dicho no he practicado mucho deporte en mi vida. Siempre dejé esa posibilidad a mi hermano —le respondí con cierto tono irónico que Robert captó y supo cortar con una realidad muy rotunda.

—Sí, ya sé que fueron muchas las posibilidades que dejaste para tu hermano, pero eso era antes... *La vida es como la secuencia que sigue cada uno de estos surfistas, fíjate, tienen un claro fin en mente, deciden cuándo actuar y lo hacen, una vez alcanzan la ola elegida y tras un fuerte impulso inicial, comienza la diversión y se dejan llevar, disfrutan de la ola que les empuja hacia la orilla y, tras esto, sea un éxito o un fracaso su recorrido, recogen su tabla y vuelven a intentarlo.*

»Hoy vas a buscar tus olas, aquellas olas que desees navegar hasta la orilla, sabiendo que cuando las alcances y su recorrido te acabe llevando a la arena de la playa, siempre podrás volver al mar y, de nuevo, elegir otras para continuar la diversión.

»Las olas no serán más que tus metas, la tabla, tus valores, y la orilla, tu propósito de vida.

»Hay una frase que suelo usar y me gusta tanto que la tengo grabada en casa en una vieja tabla de surf: "Las olas son como las oportunidades de éxito, siempre están ahí, esperándonos, pero la mayoría no se atreven a cogerlas".

»Vamos a comer algo y después aprenderás a navegar, amigo.

—Creo que he entendido la metáfora, pero realmente no tendré que hacer surf, ¿verdad?

—¡Ja, ja, ja, ja! ¡Por qué no! Quizás en unos años acabemos descubriendo al próximo Kelly Slater, ¡ja, ja, ja! —Y de nuevo echó su brazo sobre mi hombro y me dirigió al coche.

Veinte minutos después y tras haber introducido en nuestro GPS la dirección de un restaurante recomendado por Robert, llegamos a un lugar paradisíaco a pie de playa. De nuevo sentí vergüenza cuando tuve que entregar las llaves de mi coche a uno de los trabajadores del restaurante, que amablemente nos recibió en la entrada del *parking* privado de aquel lujoso lugar elegido por Robert. Era un privilegio poder disfrutar de un estilo de vida así, lugares como ese no son asequibles para cualquiera.

Mientras caminábamos hacia el restaurante, le pregunté a qué se dedicaba exactamente para poder llevar un estilo de vida como ese.

—Es cuestión de MENTALIDAD y, sobre todo, ACCIÓN —me respondió Robert—. Debes decidir qué quieres, lanzarte a por ello y no parar hasta conseguirlo, y una vez lo hayas logrado, de nuevo volver a buscar una ola que te permita seguir aprendiendo, así una y otra vez. ¿Crees que se acabarán las olas del mar? Pues solo cuando estas se acaben pararé de plantearme metas y salir a buscarlas, ese es mi secreto, amigo, y el de todas las grandes personas de éxito que conozcas, no hay más. Y tú, ¿te atreves a surfear tu vida?

»Hoy te voy a enseñar a crear metas de éxito y por qué son tan pocos los que las persiguen. Pero bueno, ¿quieres conocer mi meta más importante ahora mismo?

—¡Sí, claro!

—Pues no es más que ¡el plato de pasta que me espera al otro lado de la puerta! ¡Ja, ja, ja, ja! —Y de nuevo su palmada en mi hombro hizo regresar al Robert juguetón y bromista de siempre.

En aquel restaurante cerca del mar, con unas vistas espectaculares del océano Pacífico y de kilómetros de arena blanca, pasé las horas más provechosas de las que conviví junto a aquel gigante con corazón de niño.

***

El restaurante era tipo bufé, ofrecía todos los estilos de cocina en vivo, cocinados al momento para ti, y en cada uno de sus platos había algo especial, estaba cuidado al mínimo detalle y no había nada que no te invitara a probarlo ¡TODO! Pero, de pronto, una mano en mi hombro me hizo dejar de salivar y me planteó una limitación que me dejó decepcionado...

—Toni, disculpa, no te he dicho que solo podrás elegir un plato, será una comida de plato único, amigo. Ahora te cuento. —Y se marchó sin más explicaciones y con una bandeja repleta de entrantes, estaba claro que jugábamos a juegos distintos.

Llegué a la mesa con mi plato de Pad Thai humeante, contento por mi elección, pero sin dejar de mirar los platos de los otros comensales que tan delicioso aspecto tenían.

En una de las mesas mejor ubicadas, junto a la cristalera que nos separaba del mar, me esperaba Robert rodeado de al menos cuatro tipos de entrantes y un plato principal que no sabía qué podría ser, aunque como el resto de platos, presentaba un aspecto exquisito.

No pude dejar la pregunta para más tarde.

—Robert, ¿por qué yo solo un plato? Me estás dejando sin fumar, ¿ahora también quieres que adelgace? —le planteé riéndome y en tono irónico.

—¡Ja, ja, ja, ja! —No llegué a mirar, pero imagino que medio restaurante tras de mí dirigiría sus miradas a nuestra mesa, puesto que la sonora risa de Robert rompió el murmullo que acompañaba al hilo musical de la sala.

—Mira, Toni, este bufé es como la vida misma, en ella te vas a encontrar muchos platos apetitosos, muchas opciones que te harán perder la atención y dudar sobre qué debes elegir y si acertarás o no al hacerlo, pero es imprescindible que te centres en uno solo, pongas tu atención en él y lo disfrutes al máximo. De lo contrario, el pasar a probar uno y otro dejará saciado tu apetito y tus deseos de probarlo todo, pero te hará perder interés por lo que estás comiendo tras la tercera cucharada, y eso en cuanto a tu propósito de vida y las metas es lo peor que puede pasarle a una persona.

»Por el contrario, si eliges tu plato, lo saboreas y das buena cuenta de él sabiendo que será el único que tomes ese día, podrás comprobar cómo te sabrá muy distinto. En la vida sucede igual, ten un único propósito, una meta que alcanzar, y será tuya, nada podrá pararte. Si divides tu energía, tal y como puedes ver en mi mesa, tu atención se desvanece y cada una de tus metas pierde fuerza y se coloca más lejos de tu alcance; así que disfruta de tu plato y hablemos de las metas.

»Como ya te he dicho, muchas personas piensan que tienen metas y lo que se plantean no son más que sueños. La diferencia principal entre un deseo y una meta es el plan de acción para lograrlo, un sueño siempre es un sueño y no dejará de serlo si no se acompaña de un plan definido. Una meta, si no llega a estar bien definida, solo ofrecerá resultados difusos y no gratificantes, por ello no estarás trabajando con metas mientras no las veas como algo **M**edible, **E**specífico, **T**emporal, **A**lcanzable y **S**ignificativo.

»Medible porque sabrás qué tendrás que hacer, tener, ver, etcétera, para comprobar que la has alcanzado. También debe ser una meta específica, bien definida en su redacción y con una fecha de logro establecida, el tiempo del que dispondremos para su consecución es muy importante, ya que de esta forma la concreción de nuestra meta será mucho más exacta. Y, por último, debe ser algo asequible y de nuestro interés, de ahí los adjetivos "alcanzable" y "significativo", no podemos plantear metas imposibles y que no sean importantes para quien las persigue, ya que la percepción de inalcanzable o la de irrelevante para la persona hará que se abandone el plan de acción, antes incluso de haberlo comenzado.

»De esta forma, el decir "me gustaría tener una casa propia" puedes considerarlo un sueño o un bonito deseo. En cambio, pasarás a tener metas cuando te propongas: "De aquí a dos años tendré las llaves de mi propia casa en mi bolsillo". Como ves, esto último cumple con las características de METAS que te he explicado, y solo ha necesitado de una fecha de logro y de una muestra tangible de que se había conseguido.

»Trabajé una vez con una cliente que me planteó como meta principal mejorar la paz en el mundo, como puedes imaginar, no llegamos a perseguir este objetivo, puesto que apenas cumplía con algunas de las características básicas, en cambio, fuimos concretando para ver de qué manera podríamos hacer algo de cara a mejorar la paz mundial. ¿Y sabes cómo concluyó la primera de muchas otras metas que luego fuimos trabajando? Por retomar la relación con su hermana, a la que hacía años que no hablaba, en dos meses consiguió mejorar la paz mundial, pero comenzando por lo más próximo a su mundo conocido, ella misma y su familia.

"Tú eres el cambio que quieres ver en el mundo. Si quieres cambiar el mundo, cámbiate a ti mismo"

Mahatma Gandhi

»Otra característica muy importante que debes considerar en cada una de las metas que te plantees es que deben ser lo suficientemente grandes como para sacarte de la cama cada mañana y animarte a conseguirlas. A nadie le anima una meta que no te haga soñar, una meta como la de salir a cenar con tu pareja o la de comprar un bolso en oferta no te animará a dar grandes pasos en tu vida, en cambio, conseguir duplicar tu sueldo actual o renovar todo tu armario puede que sí sea un objetivo ilusionante.

»Una meta alcanza su máximo poder cuando, en el camino hacia su logro, TÚ te transformas como persona y llegas a ser un poco mejor de lo que eras, rompes tus límites o realizas aquellos aprendizajes que te hacen crecer en este juego de la vida. Estas metas deben ser tu plato principal y no debes asustarte al salir a buscarlas, porque son ellas las que realmente marcan la diferencia en tu vida.

"Debemos fijar una meta lo suficientemente grande como

para que en el proceso de lograrla nos convirtamos en alguien en quien valga la pena convertirse"

Jim Rohn

»Recuerdo la primera vez que Ángel me habló de metas y de lo que podrían suponer en mi vida. Yo solo tenía veinte años y hasta ese momento mi meta más alta había sido acabar el bachillerato. Cuando terminamos la sesión, descubrí que la meta que había escrito realmente me asustaba, pensé que tu hermano no sabía lo que hacía; dos años después estaba jugando a *rugby* en Inglaterra.

»No podemos subestimar el valor de las metas, a nuestra mente subconsciente le encantan las metas y siempre hará lo posible por llevarte hasta ellas. Tú solo tienes que programarlo, dejarlo por escrito y ACTUAR, tomar acción. Cada día realiza algo que te acerque a ella, por muy lejos que esté, por muy difícil que parezca, cada día simplemente da un paso, y de esta forma, irremediablemente, tu meta estará cada vez más y más cerca, hasta que deje de ser algo inalcanzable para convertirse en tu mayor éxito. ¿Te atreves a probarlo?

De nuevo descubrí que la pregunta de Robert realmente esperaba una respuesta.

—Pues claro —respondí sobresaltado—, me parece genial, pero tendría que pensarlo, me vienen muchas ideas a la mente, me cuesta definir por dónde empezar.

—Por supuesto, y eso es positivo. Tal y como te ha pasado al llegar aquí, tantas propuestas te han creado confusión, pero finalmente te has decidido y ese ha sido tu plato elegido. Con las metas ocurre lo mismo, puede que se te presenten muchas, pero tendrás que decidir sobre cuál centrar toda tu energía y, aunque, como ya

METAS, CLARAS Y ESPECÍFICAS

verás, puedas tener otras más pequeñas o alcanzables relacionadas con distintos aspectos de tu vida, habrá una que marque la diferencia, será esa la que necesite tu mayor atención.

»De todos modos, Toni, hay mucha gente que, aun conociendo esto, jamás llega a dar el paso de plantearse metas serias, con el paso del tiempo creo que he descubierto por qué.

Su silencio me hizo preguntar:

—¿Por qué?

—Son varios los motivos por los que finalmente poca gente acaba proponiéndose metas de forma clara y específica. ¿Tú por qué nunca te has planteado metas?

—Creo que he tenido metas, pienso que muchas veces me propuse objetivos que conseguir, pero nunca de la forma que me has dicho. Creo que no lo hice por falta de información, porque no sabía cómo se debía hacer.

—Pues sí, ese es uno de los motivos, la mayoría de las personas desconocen cómo se formulan las metas. En la escuela jamás nos explicaron nada sobre el establecimiento de metas, en cambio sí sobre cómo localizar el sujeto y el predicado de una oración. Es algo que debería trabajarse desde los primeros cursos para que de este modo el niño creciera sabiendo que puede decidir qué quiere conseguir, qué quiere alcanzar y cómo proponérselo de forma correcta para que una vez lo haya alcanzado sea consciente de lo que hizo y del logro que alcanzó. De la misma forma, cuando no lo consiguiera y su camino le llevara al fracaso sabría valorar el esfuerzo realizado, reponerse, determinar cuál fue el aprendizaje obtenido y continuar adelante. Ninguna meta es inalcanzable cuando se convierte en tu máximo objetivo, cuando vives por y para una meta todas las leyes universales salen a tu encuentro y comienzan a actuar a favor tuyo.

»Pero el miedo al fracaso es un factor muy determinante también, es otra de las causas por las cuales tantas personas deciden vivir acomodándose a las circunstancias que les ha tocado y se conforman con aquello que sus decisiones les trajeron a sus vidas. No atreverse por miedo al fracaso es el mayor de los errores, puesto que solo detrás del fracaso se encuentra el éxito, no existe éxito sin fracaso, debes exponerte a él y levantarte tras la caída, porque gracias a esta aprenderás una lección y al continuar adelante ya no serás el mismo, habrás crecido. Recuerda que siempre serás más pequeño que el obstáculo que te frena o más grande que el fracaso que dejaste atrás, depende de ti estar a un lado o a otro de la derrota.

»Porque solo si continúas alcanzarás la meta, si te rindes, si abandonas, te habrá vencido, por eso los grandes éxitos solo se reservan para algunos elegidos, para aquellos que continúan, para los que perseveran. Los que se rinden tras la primera derrota o tras la primera dificultad nunca llegan a conocer el premio que les esperaba de haber hecho un intento más. Si los hermanos Wright no hubieran continuado tras sus primeras caídas, otros lo hubieran hecho por ellos, pero decidieron que esa sería su meta y que no les quedaba más que encontrar la forma de demostrar lo que ellos ya sabían, que el ser humano podría volar, y lo consiguieron, poniendo en riesgo sus propias vidas, pero con la mentalidad de que el abandono no era una opción, y volaron...

»Henry Ford decidió inventar un vehículo a motor y económico, el cual se pudiera permitir cada familia estadounidense, y aunque fue calificado de loco, tras muchas pruebas fallidas también lo logró. Otro valiente fue Tomas Edison, tuvo más de mil fracasos antes de

METAS, CLARAS Y ESPECÍFICAS

llegar a fabricar su soñada lámpara incandescente, no tendríamos bombillas de no ser porque hace más de cien años un ser humano decidió persistir al fracaso... Y como estos otros muchos ejemplos nos enseñan la importancia de la constancia y del esfuerzo tras la derrota. No existe éxito sin fracaso.

»También otro freno al planteamiento de metas es el miedo al rechazo. Puesto que el ser humano está programado para permanecer en su zona de confort, el planteamiento de objetivos que supongan desplazarse a un lugar más allá de esta siempre supone recelos y dudas, provocadas siempre por nuestra mente, que intenta protegernos de los peligros de lo desconocido, y para ello oculta la grandeza que existe tras el miedo o fuera de la cueva, en la que aún hoy seguiríamos viviendo de no ser porque siempre hemos sido capaces de lanzarnos a descubrir y guiarnos por la fuerza de nuestro corazón. Pero este miedo a lo desconocido aún sigue asustando a muchos y, en ocasiones, cuando un ser humano descubre que otros persiguen metas excesivamente altas para él, tiende a aconsejar y advertir de los peligros, pensando que, porque él o ella nunca lo harían o creen que no es lo correcto, nadie lo debería intentar, sin saber que cada ser humano es único e irrepetible, que cada uno de nosotros estamos aquí para algo muy distinto, y que somos capaces de inventar el nuevo avión, la nueva bombilla o el nuevo ordenador personal...

Piensa que siempre habrá alguien que rechace tu meta, que no la comprenda y la califique de imposible, pero justo esa misma persona, probablemente cuando vea que lo has conseguido, te dirá que ella siempre creyó en ti e incluso se lance a hacer lo mismo que tú, porque ya existe un referente cercano para ella. En cambio, habrá otros que desde el primer momento te apoyarán, compartirán tu ilusión y entusiasmo hacia el logro, y estarán ahí cuando triunfes y también cuando fracases. Con ellos es con los que debes compartir tus metas, con aquellos amigos, familiares cercanos, que siempre están ahí o con otros que compartan tus mismos objetivos o similares, ellos siempre estarán ahí en el camino hacia el éxito, sin perjuicios, sin rechazo. Con el resto, déjalo que lo descubran una vez lo hayas logrado.

»Un ejemplo de esto es el de Roger Bannister, un atleta olímpico que realmente nunca ganó una olimpiada, pero pasó a la historia por lograr una meta inalcanzable para el hombre en aquel momento, la de correr una milla en menos de cuatro minutos.

»Hacía mucho que el mundo del deporte había establecido como imposible que el ser humano pudiera correr esta distancia por debajo de los cuatro minutos, solo un atleta, casi veinte años atrás, había logrado parar el crono en cuatro minutos y un segundo. "El loco de Bannister" ya había comentado a su círculo más cercano que bajar de cuatro minutos era su verdadera meta. Un humilde estudiante de medicina cuarto mejor tiempo en las anteriores olimpiadas, ¿qué se había creído?... Muchos se rieron de él cuando comenzó la carrera aquella fría tarde de 1954, pero todos lo aclamaron cuando anunciaron que había cruzado la meta en tres minutos cincuenta y nueve segundos. Ese día, Rogger Bannister no solo batió un récord del mundo, sino que rompió una barrera mental asumida por el hombre durante cientos de años y demostró que se podía hacer. Ese fue su gran éxito, por eso pasó a la historia, demostrando la grandeza del poder mental y de cómo las creencias pueden llegar a paralizarnos. Su récord solo duró un mes, al demostrarle a todos que el ser humano podía ir más allá, todos lo creyeron y comenzaron a conseguirlo, lo que jamás en la historia se había hecho un año después ya lo habían logrado 37 atletas, y dos años más tarde más de 300... Hoy en día el récord está establecido en tres minutos cuarenta y tres segundos, muy lejos de la marca de Bannister, pero aún sigue siendo el corredor más afamado de la prueba.

"Los que aseguran que es imposible no deberían interrumpir a los que lo estamos intentando"

Thomas A. Edison

***

—Pues bien, Toni, ya sabes que sin metas jamás alcanzarás el éxito, porque no tendrás referencias que lo demuestren. Por eso te animo a que te plantees metas que cubran cada uno de los campos más importantes en tu vida: tu trabajo o carrera, economía, salud, forma física y familiar o de relaciones. Puedes comenzar planteándote al menos tres metas para cada uno de estos aspectos de tu vida y dejarlas por escrito. Unas metas reflejadas por escrito cobran mucho más valor y te acercan a su consecución de manera sorprendente, ya que la programación que imprimes en tu mente subconsciente es enorme al redactarlas en un papel. Recuerda que tus metas deben estar bien definidas, y si vas a añadir un verbo, hazlo siempre en presente, como si ya tuvieras, hicieras o fueras aquello que deseas o defines, de esta forma podremos comprobar cuándo lo has logrado y qué resultados habrás alcanzado al conseguir esa meta.

»Guarda este listado, será muy importante para ti, pues dará sentido a tu vida y pasará a ser, en algunos momentos, la fuente de inspiración que te haga seguir adelante cuando todo parezca que se complica de nuevo. Porque recuerda que, como decía Jin Rhon, no siempre podemos vivir en la misma estación, aunque guste mucho el verano, el invierno llegará tras el otoño y quizás ahí necesites revisar el rumbo que marcaste para seguir avanzando hacia una nueva primavera en tu vida, continuando así la partida que viniste a jugar.

»Tras esto recuerda tu propósito de vida, vuelve a leerlo y según lo que escribiste selecciona ahora tu meta principal, aquella que con más fuerza quieras alcanzar porque determine un avance fundamental en tu vida o porque tenga tal relevancia para ti en consonancia con tu propósito de vida que deba ser sobre lo que centres toda tu energía en estos momentos.

»Solo te diré que un estudio realizado en la Universidad de Yale, allá por los años cincuenta, demostró que el 3 % de los estudiantes que se graduaron en una de sus promociones, veinte años después, habían alcanzado logros y riquezas que superaban al 97 % restante, y que el único secreto de este tres por ciento era el de llevar unas metas bien definidas y por escrito en su cartera el día en que se graduaron.

»¿Qué te parece, Toni?

—Genial, estoy deseando ponerme a escribir, me resulta superemocionante el planteamiento de metas. — Realmente me entusiasmó la idea de plantear por escrito cada uno de mis objetivos personales y redactarlos de la forma que me había enseñado.

—Pues vamos, daremos otro paseo, conocerás tu nuevo hogar.

No sabía qué me estaba proponiendo ahora, pero se levantó y salió del salón despidiéndose amablemente de los camareros, ¿qué querría decir con "mi nuevo hogar"?...

Unos ejercicios para el éxito

*"Antes de que llegue el éxito a la vida de un hombre, es seguro que tropezará con muchas derrotas temporales y, quizás, algunos fracasos. Cuando la derrota nos alcanza, lo más fácil y lógico es abandonar.
Y eso es exactamente lo que hacen la mayoría de hombres y mujeres"*

Napoleon Hill

Recuerda las características que debe cumplir toda meta.

"El éxito se funda en metas; todo lo demás son palabras"

Brian Tracy

¿Te atreves a crear tus metas? Escribe al menos tres metas para cada uno de los campos fundamentales de tu vida:

- ✓ Trabajo o carrera
- ✓ Economía
- ✓ Salud-forma física
- ✓ Familia o relaciones

Deben ser metas a corto, medio y largo plazo.

Quizás así seas capaz de localizar las pequeñas metas que acabarán llevándote al logro de otras mayores, de la misma forma que un roble no crece al día siguiente de haber sembrado la bellota, ninguna gran meta se consigue de la noche a la mañana, todo necesita de tiempo, y para el universo, para Dios, al igual que para Einstein, el tiempo es relativo. Imaginas una margarita creciendo rápidamente para ofrecer sus pétalos lo antes posible, o una madre cuyo proceso de gestación lo realice en tres meses porque su impaciencia y las ganas de ver a su criatura no le permita más... No, la naturaleza no funciona así, entonces por qué lo vamos a hacer nosotros... Todo llega justo en el momento que debe llegar, ni antes, ni después, y de nada servirá forzarlo. Trabaja duro, actúa sin parar, pero recuerda que, al igual que en el campo físico, cuanto más actúes más resultados obtienes, en el campo mental más acción equivale a bloqueo, así que cuando pidas al universo, a Dios, prepárate para desconectar, déjalo de su mano, utiliza el desapego...

"El mayor peligro para la mayoría no es tener metas muy altas y no alcanzarlas, sino tener metas muy bajas y lograrlas"

Miguel Ángel

Escribe tus metas con el mayor detalle posible, imagina que estás escribiendo una solicitud a Dios, al universo, y que de dicho escrito creará lo que deseas. No te limites escribiendo "tengo una hermosa casa", más bien deberías escribir: "he conseguido la casa de mis sueños junto al lago, con un hermoso jardín delantero, un gran garaje, chimenea...". O si quisieras perder peso no valdría "quiero estar más delgada", lo ideal sería escribir: "para el 10 de junio pesaré tres kilos menos".

Disfruta de este momento de selección del catálogo del universo y para seguir divirtiéndote realiza estos ejercicios:

Lista de sueños, mis cien metas que alcanzar... Este ejercicio trata de escribir un listado de cien metas o sueños que alcanzar, se trata de un simple juego. Quizás no te sea sencillo llegar a las cien metas, pero piensa que tienes toda una vida para conseguirlas, así que libera tu imaginación y sueña... Es increíble, pero comprobarás cómo en menos de un mes comenzarás a ver que comienzan a pasar cosas y que algunas metas se van cruzando en tu camino de manera mucho más fácil de lo que habías imaginado. *

Libro de metas... Coloca tus metas en una libreta especial o escríbelas en tarjetas postales y luego encuadérnalas a modo de libreto, deja algunas en blanco para ir añadiendo algunas más adelante. Puedes ordenarlas por orden de importancia y prioridad o por aspectos fundamentales de tu vida: salud, familia...

Una meta en la cartera... Tener las metas escritas es fundamental, no solo para asegurar el éxito, sino para aumentar la velocidad en alcanzarla. Si, además, escribes tu primera meta o tu propósito principal en un papel que te permita llevarlo contigo en la cartera y poder leerlo de vez en cuando o simplemente verlo y recordar que está ahí esperando ser alcanzado, focalizará la atención de tu subconsciente hacia el logro y difícilmente no logres hacerla realidad mucho antes de lo previsto. También te puede servir llevarla dentro de la funda del móvil. Da igual dónde, pero escríbela y que siempre te acompañe.**

Ahora vuelve a leer tu propósito de vida y localiza aquellas metas que más te aproximen a él, esas deben ser las prioritarias, aquellas que deben ir contigo en tu cartera.

Toma como costumbre leer tus metas al menos dos veces al día, al levantarte y al acostarte. Toma tu libro

METAS, CLARAS Y ESPECÍFICAS

de metas y léelas, visualízate como si ya las hubieras conseguido, y tras esto continúa tu vida, tu día a día, el pedido ya está realizado, la forma y la fecha en que te llegará ya no depende de ti, tú solo disfruta de camino.

Me gusta tener mis metas principales escritas en pequeñas tarjetas junto a mi cama, para poder leerlas justo al acostarme y al levantarme, son lo primero y lo último que leo cada día.

* La primera vez que realicé este ejercicio solo llegué a setenta y tres metas, más tarde lo retomé y llegué a las ciento veinte. De las primeras setenta y tres, había logrado hacer realidad veintiuna, algunas de ellas impensables cuando las escribí. Me encanta retomar mi listado y seguir tachando las que voy alcanzando o reírme de algunas que quedaron atrás y ya no forman parte de mi camino.

** Hace unos cinco años que llevo siempre conmigo mi meta principal, solo te diré que he usado tres tipos de textos en todo este tiempo y que, hasta ahora, todo lo que he escrito en ellos se ha hecho realidad en el mundo físico.

Primero en la mente, luego en tu realidad; ley del mentalismo, de la correspondencia. No juzgues, haz la prueba.

Cuando algo te detenga en el camino hacia tu meta, cuando mires cara a cara al fracaso, ¿te vas a detener? Recuerda el ejemplo de Ford, Edison o los hermanos Wright, y pregúntate: ¿Es tu meta tan alta e imposible como el primer avión? ¿Como el primer vehículo a motor? ¿O como la lámpara incandescente? Entonces, ¿qué te detiene?

"El éxito es el resultado de las decisiones acertadas, las decisiones acertadas son el resultado de la experiencia y la experiencia suele ser el resultado de las decisiones equivocadas"

Tony Robbins

CAPÍTULO 9

Cuidas tus mañanas, te conviertes en lo que piensas la mayor parte ellas...

"Un hombre debe muy poco a aquello con lo que nace; un hombre es lo que él hace de sí mismo".

Alexander Graham Bell

Salimos del restaurante y Robert me indicó que bajaríamos a la playa a dar un paseo. Descalzos caminamos unos quinientos metros sobre la arena húmeda de aquella playa de ensueño en Malibú.

Durante unos minutos guardamos silencio y me trasladé a mi niñez, realmente hacía mucho que no pisaba la arena de la playa, no podía recordar cuándo fue la última vez que estuve tan cerca del mar. Aunque era una de mis pasiones, la vida me había llevado lejos de él y de todo lo que significaba para mí. Aquel olor de la brisa del mar, el sonido de las olas y el frescor del agua que por momentos mojaba mis pies, me hizo regresar a mi niñez y sentir que volvía a jugar con mi hermano y mis padres en nuestra cala, aquella que hacía tantos años que no pisaba, aquella que un día decidí olvidar, pero tantos buenos recuerdos jamás me lo permitieron. Y mientras caminábamos sin rumbo, lágrimas de emoción llegaron a mis ojos, fui consciente de todo lo que había perdido por el camino de mi vida, de tanto como dejé atrás sin razón alguna, y me sorprendió la añoranza de mi pasado y las espinas que un día, sin darme cuenta, quedaron clavadas en mi corazón, el agua del mar las saco de nuevo a la superficie.

—Vamos, Toni, hemos llegado, amigo.

Robert me indicó que nos dirigiésemos hacia unas tablas de madera que, a modo de camino sobre la arena, se adentraban en un majestuoso jardín.

—¿A dónde vamos Robert?—No paraba de sorprenderme, de pronto parecía que estuviésemos entrando en una de las maravillosas casas de Beverly Hills.

—Este será tu nuevo hogar los próximos días. Es un buen hotel que nos ha recomendado tu hermano.

No parecía que fuese un hotel, más bien un gran chalet con una pequeña piscina y un paradisíaco jardín. Hasta llegar al *hall* de recepción no vimos a nadie. Una vez dentro, descubrí que el jardín era solo una pequeña parte de ese palacio al lado del mar.

Jamás había estado en un *hall* similar. Cientos de plantas perfectamente cuidadas simulaban una selva que crecía entre paredes y mesas de mármol rosado, los carteles informativos, iluminados magistralmente, se mezclaban con la vegetación haciendo aún más impactante aquella recepción de hotel, la cual terminó de dejarme boquiabierto cuando descubrí que, en uno de sus laterales, entre dos cascadas, una escalera eléctrica en forma de caracol te elevaba al paraíso.

Robert se dirigió a la recepción y dio nuestros nombres a una de las jóvenes que, amablemente, nos esperaban tras el magnífico mostrador de mármol rosa que surgía de entre la vegetación. Al instante, nos entregó las llaves de nuestra habitación y un refinado mozo de equipaje se acercó para ayudarnos, tendría poco trabajo con nosotros, intenté explicarle, pero el joven insistió en acompañarnos a nuestras habitaciones. Fue Robert quien, agradeciéndole su ofrecimiento, le informó de que aún no subiríamos, ya que antes teníamos que ir a por nuestros equipajes.

—Vamos, te explicaré durante el camino a casa —me informó Robert animándome a salir del hotel por la puerta situada justo frente a la magnífica escalera de caracol, que durante unos segundos me dejó hipnotizado por su continuo ascenso en espiral.

Sorprendentemente, nuestro coche estaba esperándonos en la salida del hotel y una hermosa joven elegantemente uniformada le entregó las llaves a Robert al tiempo que nos deseaba una feliz estancia. Robert intercambió las llaves por una propina y me las entregó, yo estaba paralizado, no podía imaginar que mi coche estuviera allí, a casi un kilómetro de donde lo habíamos dejado y en la puerta de uno de los hoteles más lujosos de Malibú. Decidí no hacer preguntas y aceptarlo como algo normal, agradecí las palabras de la joven y me dirigí hacia la puerta del conductor.

—Bien, Toni, vamos a casa, recogeremos nuestras cosas y volveremos.

—Pero eso es un hotel de superlujo, estás loco.

—¿No te gusta? Si lo prefieres, tú puedes quedarte en tu casa, yo te esperaré aquí cada mañana.

—No, no, ¡a mí me encanta! —respondí rápidamente para no dejar duda de mis preferencias.

—¡Ja, ja, ja! No esperaba menos. —Robert rio nuevamente en su estilo extrovertido y exagerado y me alegré de ir conduciendo, ya que esto hizo que no me golpeara y dirigiera su energía hacia sus propias piernas. Lo miré y de nuevo fui consciente del volumen que aquel grandullón ocupaba dentro de mi pequeño vehículo, la situación volvió a resultarme de lo más simpática, y reímos a carcajadas.

Cuando comenzamos el camino de regreso a Los Ángeles, Robert me explicó qué haríamos y cómo nuestra relación pronto acabaría mucho antes de lo que yo esperaba, mucho antes, incluso, de lo que él decía.

—Nos alojaremos en el hotel durante unos días, Toni, y allí será donde terminen nuestras vacaciones compartidas. Me gustaría que en este tiempo dejáramos listo todo lo relacionado con las metas, que junto a tu propósito de vida ha sido lo que he venido a trabajar contigo principalmente, amigo. Quiero que te encuentres contigo mismo, te mires cada mañana en el espejo y decidas qué quieres, quién eres y a dónde quieres llegar. Y esto solo lo conseguirás desde la reflexión y el descubrimiento de tu verdadero ser, te animo a que practiques una pequeña meditación cada mañana y dediques tiempo al silencio y al estar contigo a solas, ¿qué te parece?

—Bien, me parece genial, no te defraudaré.

—Nos encontraremos en los momentos de las comidas, que por cierto te van a sorprender. Elegí este hotel porque son capaces de ofrecer una de las dietas más sanas y equilibradas que he visto en toda la zona, les he dicho que estás muy interesado en cambiar hábitos, así que te han planteado un menú que quizás no sea lo que estás acostumbrado, pero sé que te encantará y me gustaría que no modificaras durante estos días.

—Sí, claro, me vendrá bien reducir algunos kilos y, como bien dices, comenzar con otro tipo de alimentación.

—Por cierto, no te he visto fumar.

—Apenas he fumado. —Saqué mi paquete de tabaco del bolsillo de la camisa, tenía los mismos cigarrillos que en la mañana y repentinamente me sucumbió unas ganas tremendas de encender uno.

—¡Qué bien! Podrás fumar uno en cuanto lleguemos a tu casa. —Esa afirmación me sonó a engaño, me había hecho ya tantas propuestas como esa, las cuales finalmente acababa olvidando. Sin embargo, descubrí que funcionaba aplazar para una hora después o para un momento justo después del actual el encender el siguiente cigarrillo, estaba permitiéndome fumar muchísimo menos—. Además, en estos días algo me dice que ganarás en salud y tu estilo de vida pasará a ser otro, espero no equivocarme.

Al llegar a casa, Robert me pidió que me lo llevara todo, más que unos días a un hotel parecía hacerme ver que no volvería a ese estudio jamás.

—Robert, ¿pero esto será temporal? ¿O es que no voy a volver? Dime la verdad, por favor.

—No sé, Toni, todo depende de ti, como siempre. Solo puedo decirte, ya que me lo preguntas, que a mí me gustaría que no volvieras. —Me miró con la expresión más seria que hasta ese momento había observado en su rostro, y tras decirme esto, continuó cerrando su maleta.

Recogí todo lo más importante, tampoco era mucho, cuando llegué allí unos meses atrás solo llevaba una maleta y con ella, de igual forma, saldría aquel día. Dejaría la llave dentro, junto al Toni que días atrás intentó quitarse la vida, llamaría a mi casero y una nueva vida, en algún lugar del mundo, sería mi nuevo destino.

****

La vida en aquel paradisíaco hotel superaba todo lo que mi imaginación había soñado años atrás, alternaba los momentos de silencio y meditación con horas en mi habitación reflexionando y escribiendo, mirando al mar, por donde en ocasiones observaba al gigantón de Robert haciendo todo tipo de deportes, acuáticos y de playa, individuales y de equipo, parecía incansable, disfrutaba de cada momento y contagiaba con su actitud a todos los que le rodeaban. Jamás imaginé que un ser con tanta sabiduría pudiera mantener aún tan vivo el espíritu del niño que un día fue.

Nos veíamos en cada comida, tal y como pactamos, y entre las experiencias deportivas que Robert no paraba de contarme yo comentaba mínimamente algo sobre mis rutinas alimenticias y de tabaco, del resto, referente a metas y reflexión personal, apenas me permitía que le informara. Esto me molestaba y me extrañaba al mismo tiempo, ya que había dejado de usar sus comunes silencios y habituales preguntas durante nuestras conversaciones.

La tercera noche que pasamos en el hotel, Robert no acudió a nuestra cita. Simon, uno de los camareros con el que más trato habíamos tenido, me entregó una carpeta y me dijo que Robert esa misma tarde le había pedido que me la diera durante la cena y lo excusara, porque esa noche no podría acompañarme en nuestra cita diaria.

Extrañado, abrí la carpeta que, aunque no muy voluminosa, aparentaba contener documentos.

En su interior había una libreta por estrenar, cuya portada decía "Cuaderno del Éxito", un sobre cerrado a mi nombre y un viejo libro muy desgastado por el uso, *La actitud mental positiva*.

Elegí el sobre, en estos últimos días todas las cartas que había abierto habían supuesto un gran cambio en mi vida, no podía imaginar qué nuevos cambios podría traerme esta.

Era una carta escrita a puño y letra por Robert:

Querido Toni, pacté con tu hermano Ángel que me marcharía del mismo modo que lo hizo él, sin avisarte y dejándote un escrito, lo siento, probablemente no te parezca buena idea, ya que pasa a ser algo común en tu vida, pero a mí no me gustan las despedidas, soy muy sensible y de lágrima fácil, por eso intento evitarlas sustituyéndolas por la ilusión de un pronto reencuentro.

Ha sido un placer compartir contigo estos maravillosos días, he aprendido mucho a tu lado y me he divertido como hacía mucho tiempo que no lo hacía, te doy las gracias de nuevo por haberme permitido acompañarte en tu camino de vida y por traerme a este hermoso lado del mundo. Hoy tengo que marcharme, mis vacaciones han terminado de momento, un trabajo en la otra punta del planeta y con tu hermano, por cierto, me está esperando. Pero tú aún debes permanecer un tiempo aquí, lo he dejado todo previsto para que dentro de dos semanas puedas partir hacia tu siguiente destino, Simon se encargará de entregarte la documentación necesaria, no quiero que te distraigas pensando en tu futuro cuando en tu presente aún tienes tanto por hacer.

Continúa trabajando tus metas, crea metas a corto, medio y largo plazo. No te asustes por cuántas has podido escribir en estos días, tienes toda una vida para alcanzarlas, piensa que tras haberlas escrito solo tendrás que elegir una como plato del día, y una vez la hayas terminado, la siguiente te estará esperando. Las metas a corto plazo pueden ir desde un día a seis meses, y a largo plazo, de tres años en adelante. Sueña, piensa en grande, y descubrirás que si lo ue buscas está alineado a tu propósito, el universo se pondrá de tu lado y te permitirá alcanzarlo, y mucho más rápido de lo que crees.

Como sabes, me encantaría que mejoraras tus hábitos de vida, por eso elegí este hotel, donde el menú en cada una de las comidas es el ideal, procura no salirte de lo que te ofrecen, y si quieres picar entre horas, solo toma fruta.

En cuanto al tabaco, has visto cómo has reducido su consumo, sería ideal que lo mantuvieras así o incluso lo redujeras, aún es pronto para dejarlo, ya sabes, tú solo aplázalo para más tarde y sé consciente de que estás fumando cada uno de tus cigarrillos. Además, y esto es lo que más me gusta, cada mañana tendrás una hora de clases de surf, sí, ya sé que no estás preparado y que hace mucho que no realizas actividad física alguna, pero aún eres joven y pienso que es un buen momento para comenzar a mover tu cuerpo antes de que acabe atrofiándose del todo. Esto del surf es algo más que una práctica divertida, te lo planteo como un reto personal y como una de tus metas a corto plazo. Gracias a él trabajarás muchos valores, pero sobre todo uno que desde mi punto de vista marca la diferencia en las personas de éxito, la disciplina, solo aprenderás a surfear si tienes disciplina. Si mantienes un esfuerzo constante y disciplinado en quince días podrás ponerte *de pie en la tabla y avanzar, si no lo haces nos habrás demostrado que realmente aún no estás preparado, solo entonces y en caso de haberte sido imposible aprender, llámame y te diré cuáles son los nuevos planes; pero como estoy convencido de que aprenderás, de que harás regresar a aquel niño que hace algunos años saltaba las olas en Sitges, estoy seguro de que no tendrás que llamarme. Tu evaluador será nuestro amigo Simon, él te entregará el pasaporte hacia tu siguiente mentor solo si cumples con la propuesta que acabo de hacerte y, por cierto, si necesitas ayuda no dudes en pedírsela, es un gran profesional del surf, yo todo lo que he aprendido allí lo he descubierto gracias a él, es un gran tipo*

Él te entregará tu billete de avión justo la noche antes de salir, exactamente dentro de catorce días; sabrás entonces cuál será tu siguiente destino, el que tu hermano ha elegido para continuar con tu proceso de transformación hacia el éxito. Allí un nuevo mentor te estará esperando, quizás este te guste más que yo, solo puedo adelantarte que es una de las personas más maravillosas que he conocido, y aunque físicamente no tenga mis músculos, puedo decirte que fue mi primer entrenador. Espero que lo aproveches al máximo y aprendas tanto como esperamos.

Amigo, espero volver a verte en algún lugar de este hermoso planeta.

Y ahora, ¿crees que la vida te sonríe?...

****

Las dos semanas posteriores a la partida de Robert pasaron muy rápido. Cada mañana salía del hotel y bajaba a la playa, me dirigía a la orilla y disfrutaba del olor a mar, el sonido de las gaviotas y los amigos, con los que solo tenía que preocuparme de aprender a surfear, de esta forma regresaba a mi niñez, a mi juventud, junto a las olas de Sitges. Volví a ser aquel Toni sin más preocupaciones que las de coger olas con la tabla, jugar con los amigos o salir al pueblo en bici.

Acudí en muchas ocasiones a Simon para que reforzara mi aprendizaje y me ayudara a ejercitar mi patética forma física, pero dos semanas después ya me ponía de pie sobre la tabla, y cuando el tamaño las olas me lo permitía, avanzaba hasta la orilla milagrosamente.

No fueron quince días de vacaciones, como pensé en un principio, fueron días de reflexión, aprendizaje y, sobre todo, transformación.

Fijé mis metas, las ordené alrededor de mi propósito de vida, cubrí con ellas cada uno de los campos fundamentales que me enseñó Robert, las clasifiqué en el tiempo y descubrí ante mí un destino lleno de posibilidades, prometedor, y lo más sorprendente y grandioso, que todo dependía de mí.

Durante la cena de aquella vigésimo cuarta noche tras la despedida, Simon, elegantemente vestido, con un atuendo muy diferente del habitual, me trajo un sobre y me dio la enhorabuena.

—Robert me pidió que te lo entregara si eras capaz de surfear en el día de hoy, y creo que lo has hecho genial para el poco tiempo que llevas practicando.

—Muchas gracias, Simon, has sido de gran ayuda y un gran amigo en estos días. —Y nos dimos un fuerte abrazo, hacía mucho que Simon había pasado a ser mucho más que un camarero de hotel—. No sabes cuánto significa esto para mí.

—Me alegro, amigo, enhorabuena.

Abrí el sobre y en él aparecía la reserva de mi vuelo: Salida: Aeropuerto Internacional de Los Ángeles. Destino: Aeropuerto Internacional John F. Kennedy, ciudad de Nueva York.

Volvía al lugar donde todo empezó en este país de sueños prometidos.

No sabía quién me esperaba en Nueva York, pero quién quiera que fuese, no llegaría a conocer al Toni que unos meses atrás salió de la Gran Manzana huyendo de su pasado.

SEGUNDA PARTE...
Nueva York, Estados Unidos

"Reír a menudo y mucho, ganar el respeto de gente inteligente y el cariño de los niños, conseguir el aprecio de críticos honestos y aguantar la traición de falsos amigos, apreciar la belleza, encontrar lo mejor en los demás, dejar el mundo un poco mejor, sea con un niño saludable, una huerta o una condición social redimida, saber que por lo menos una vida ha respirado mejor porque tú has vivido.

Eso es tener éxito".

Ralph Waldo Emerson

SEGUNDA PARTE

Durante el vuelo a Nueva York conocí a Mildred E. Didrikson, una mujer que en los años treinta revolucionó el mundo del deporte. Casualmente alguien del vuelo anterior había dejado una revista deportiva tras los documentos informativos y folletos de publicidad que había en mi asiento delantero. Debido a que mi vida, en estos últimos días, había dado un giro hacia el mundo del deporte, aquel hallazgo llamó mi atención. Meses atrás ni siquiera la hubiera sacado de su sitio, pero en ese momento me pareció de lo más interesante. Más tarde descubriría que no era más que mi SAR haciendo su función, no lo conocía en aquel entonces, por lo que aquella revista me sorprendió enormemente.

Esta mujer fue capaz de participar en múltiples disciplinas deportivas y ser un referente en cada una de ellas, golf, baloncesto, béisbol, atletismo... En una época en la que el deporte femenino aún no era bien visto, ella fue capaz de romper con la norma y lanzarse a la competición en la mayoría de los deportes existentes, en ocasiones, siendo ella la única mujer que lo practicara. No tuvo miedo y se presentó a las olimpiadas de 1932, con tan solo veintiún años, y luchando por el oro en tres modalidades distintas de atletismo: lanzamiento de jabalina, ochenta metros vallas y salto de altura. Obtuvo un récord mundial, dos oros y una plata, empatando con la campeona, pero relegada al segundo puesto por una decisión arbitral. Tras esto, en sus primeras declaraciones se atrevió a decir: "Una pena que el reglamento no me haya permitido participar en más modalidades, también las hubiera ganado".

Fue pionera en deportes, como el golf, donde, durante décadas, compitió con hombres, creando así las bases de competiciones femeninas que hasta la fecha no existían.

Todo un ejemplo de autoestima, de personalidad y de cómo, cuando trabajas en tu propósito de vida, eres capaz de hacer historia, porque TÚ viniste a hacer aquello para lo que viniste a ser, lo creas o no...

***

Mi maleta fue una de las primeras en aparecer por aquel carrusel multicolor en que se convertía la cinta de entrega de equipajes tras cada aterrizaje. Esto ayudó a calmar mi impaciencia por salir y comprobar qué, o mejor dicho quién, estaba esperando mi llegada. No sabía qué sucedería a partir de entonces, Robert solo me había dejado un número de vuelo y una reserva a mi nombre, pero nada más. Ninguna información sobre a dónde ir, qué hacer o quién me recogería en el aeropuerto; yo, tal y como me pidió en su carta de despedida, decidí confiar, fluir con los acontecimientos y caminar hacia la salida.

En una mano llevaba la carpeta que me entregó Simon. En ella portaba aquel viejo, pero revelador libro regalo de Robert, y que terminé de leer durante el vuelo. Junto a él mi "Cuaderno para el Éxito", donde ya tenía anotadas cada una de mis metas, a corto, medio y largo plazo, entre otras muchas reflexiones y sueños que me fueron llegando en mis horas de retiro en aquellas playas de Malibú.

Con la otra mano empujaba mi maleta, medio vacía, casi igual que la llevaba cuando entré en aquel aeropuerto meses atrás, pero ahora iba mucho más cargada que entonces, ahora iba repleta de sueños.

Al salir me sorprendieron los innumerables y variopintos carteles con nombres, seudónimos y apellidos de viajeros que debían ser recogidos por la persona que los portaba. Yo no aparecía en ninguno, por lo que continué caminando.

Me alegré de no ser alguno de aquellos nombres cuyos

SEGUNDA PARTE

portadores tenían caras tristes y ojos apagados, debían ser chóferes particulares, trabajadores atrapados en una profesión que no les correspondía y que, en un lugar como ese, contrastaban con los rostros de compañeros con vocación y de familiares o amigos que miraban con ilusión detrás de cada viajero o mostraban en alto y con movimientos sus rótulos.

Caminé hasta salir de la fila formada por las personas que esperaban y volví la mirada repasando cada uno de los nombres que aún permanecían allí. Nadie de ese grupo me esperaba, por lo que decidí seguir avanzando hacia la salida. Las puertas, el cielo de Nueva York, estaban ya a tan solo diez metros de mí y comencé a preguntarme qué haría al llegar a fuera.

De pronto, muy levemente me pareció oír mi nombre, me paré y miré hacia atrás por si fuera cierto. Y sí, me llamaban, se trataba de una anciana que, portando también una maleta, me llamaba por mi nombre a la vez que me saludaba con la otra mano. Me acerqué a ella, y cuando solo nos separaban cinco metros, sus ojos tocaron mi corazón y descubrí quién era, Tía Lui volvió a llamarme por mi nombre.

No pude seguir caminando, me quedé paralizado observando el brillo de sus ojos azules, seguían siendo los mismos que me miraban treinta años atrás, con la misma vitalidad de entonces, pero en un rostro mucho más envejecido, arrugado por el paso de los años, y no pude más que llevarme las manos a mi rostro y romper a llorar.

—¡Toni, mi niño! —Tía Lui me recogió en un abrazo y, como el niño que huyó años atrás, lloré entre sus brazos por el tiempo perdido, por cada uno de los errores cometidos, por todo el daño que le hice y por todo el que me hice a mí mismo. No me lo podía creer, era Tía Lui quien Ángel ponía ahora en mi camino, realmente la vida comenzaba a sonreírme y yo solo podía pagarlo con lágrimas.

CAPÍTULO 10

Tú solo vales para lo que te propongas

"Aléjate de la gente que trata de empequeñecer tus ambiciones. La gente pequeña siempre hace eso, pero la gente realmente grande te hace sentir que tú también puedes ser grande"

Mark Twain

Tía Lui, mientras mantenía su rostro lleno de lágrimas, secó las mías con sus manos y me observó en silencio. Su mirada llegó al fondo de mi alma y no pude más que continuar llorando en sus brazos.

—Te he echado tanto de menos, Toni. Son muchas las cosas que tienes que contarme, hijo, la vieja de tu tía está impaciente porque le cuentes todo lo que has hecho en estos años. No podemos recuperar el tiempo perdido, pero lo que sí te aseguro es que desde hoy nada nos volverá a separar.

—Perdóname, lo siento, Lui, he cometido tantos errores, estoy tan arrepentido...

—Escúchame, Toni, hoy estás aquí, estamos juntos, disfrutemos de esto. Todo lo que en el pasado te hizo daño, todos los errores y aciertos de tu vida, te llevaron hasta aquí y desde aquí comenzaremos, porque ningún error de tu pasado puede influir en tu futuro si tú así lo deseas. Recuerda que hoy estás donde tus pensamientos del pasado te llevaron, y que en cinco años estarás donde tus pensamientos de hoy te lleven, así que disponte a disfrutar de esta nueva etapa en tu vida, tu familia lleva treinta años esperando compartirla contigo.

—Gracias. —Fue lo único que pude decirle mirándome a mí mismo reflejado en el azul de sus ojos.

Caminamos hacia la salida empujando nuestras maletas mientras Tía Lui me informaba de nuestros planes. Los que ellos habían trazado para mí.

—Casi no llego, Toni, el avión ha sufrido un retraso y hemos aterrizado dos horas después de lo previsto, justo el tiempo que yo debería haber estado aquí esperando tu llegada. Vengo de Barcelona y cuando Ángel me propuso venir a verte no dudé en hacerlo, pero aquí, en Nueva York, sé que conoces esta ciudad y a mí me encanta. ¿Qué edad tienes?

—Voy a cumplir cuarenta y cuatro.

—Pues justo ese tiempo hace que no piso la Gran Manzana. Cuando nacisteis yo estaba aquí, sacando algunas de las últimas fotografías que realicé lejos de la naturaleza. Me enamoré de esta ciudad, eran mis años de juventud, el bullicio y las prisas me encantaban, pero por suerte eso cambió con el paso de los años. Aun así, tenía ganas de volver y revivir tantos recuerdos… Jamás pensé que lo haría de tu mano.

—Me encantará recorrerla junto a ti, aunque te anticipo que han pasado muchas cosas en esta ciudad en cuarenta años y no sé si habrá algo donde tú lo dejaste, a excepción del Empire State.

—Sí, claro. Pero, aunque solo sea eso, me encantará volver a verlo y pasear por Central Park..., te aseguro que allí hay un lugar en el que seguro que no habrás estado y que aún sigue tal y como yo lo dejé... —Me sonrió y guardó silencio sin apartar su mirada de mis ojos.

—Perdona, Tía Lui. —De nuevo, sin pensarlo, fueron las palabras que brotaron de mis labios.

—No hay nada que perdonar, hijo, también yo tendría que pedirte perdón por no haber salido antes en tu búsqueda. Intenté que usaras tu mapa para que volvieras a casa, y ese mapa casi acaba con tu vida. Esto que estoy haciendo hoy debería haberlo hecho hace mucho tiempo y quizás ya lleváramos años juntos, pero, como te he dicho, no debemos mirar atrás. Nos hemos encontrado justo cuando teníamos que hacerlo, tú has necesitado recorrer tu camino o jugar tu partida, como decía tu padre, al igual que yo, y aunque me duelan los años que no he podido estar a tu lado, no voy a lamentarme, simplemente, desde hoy no pienso perderte de vista. Y da igual que en mi DNI diga que soy una octogenaria, yo siento que estoy en uno de los mejores momentos de mi vida. Así que disfrutemos del ahora y de que lo vamos a crear juntos, Toni, dame otro abrazo. —Y nuevamente nos fundimos en un abrazo, en el que de nuevo no pude contener las lágrimas.

Nos dirigimos hacia la parada de Taxis y Tía Lui en perfecto inglés le indicó al taxista el nombre del hotel donde nos alojaríamos.

—Cuéntame, ¿cómo te ha ido con el grandullón de Robert? Está un poco loco, ¿verdad?

—Sí —respondí riéndome ante la expresión de Lui—. Es un tipo genial, me he reído mucho con él y he aprendido todavía más, ha sido un gran maestro y hemos disfrutado mucho. Al final, el surf me ha encantado, me

ha transformado, es increíble, pero no sabes las ganas que tengo de volver a subirme a la tabla, he bajado de peso, regulado mi alimentación, mi adicción al tabaco...
—Me sorprendí hablando y hablando entusiasmado, como nunca antes lo había hecho, no recordaba hablar con esa ilusión y esa necesidad de contar mi vida. Como el niño que cuenta a un amigo su primera visita al zoológico, narré a Tía Lui mi aventura junto a Robert como si ella no supiera nada, hasta que justo antes de llegar al hotel me preguntó por uno de los detalles que no mencioné en la narración de mi experiencia en Los Ángeles.

—¿Qué significó para ti el hecho de entregar la pistola?

Me quedé sin palabras, no esperaba esta pregunta, quizás Robert le había estado contando todo lo que hicimos, quizás incluso Ángel supiera ya cada detalle de lo que había sucedido en L. A., eso era parte de mi entrenamiento, de la transformación que necesitaba mi vida, y decidí aceptarlo como parte del proceso.

—Nunca debí comprar esa pistola, lo hice por miedo, pensaba que me daría seguridad y que conseguiría salvar una situación complicada en la que me vi envuelto por mi estúpida actitud y por mi incompetencia. El hecho de entregarla y deshacerme de ella fue algo que pensé desde el momento mismo en que salí de aquella tienda con ella en el bolsillo. Pero soy débil, aunque pretenda dar una imagen de autosuficiencia y valentía, realmente no es más que una máscara que he usado siempre para salvar mis sentimientos de culpa y soledad que la vida me fue grabando a fuego desde que os abandoné a los quince años. Esa arma pasó de ser mi bote salvavidas cuando me amenazaron, muy cerca de aquí, por cierto, y me intentaron arrebatar lo poco que había conseguido en la vida, a ser mi cicuta, aquel veneno mortal que yo mismo quise beber para huir del daño que había causado. Daño que durante toda mi vida no he parado de hacerme a mí mismo y a todos los que me rodeaban.

»Son muchos los errores que he cometido, Tía Lui. El último, con la mujer que más he amado en mi vida, la única que fue capaz de transformarme en cierta medida; imagino que lo sabrás, Rosa. La abandoné sin explicación alguna, hui de la manera más humillante que podía haberlo hecho, robándole todo el dinero de su cuenta corriente, sin explicarle que lo hacía para evitar su muerte y la mía. Desaparecí, como siempre he hecho, huyendo de mis errores, pensando que lejos encontraría la solución, pero esta vez no fui capaz de continuar. Junto a Rosa dejé todo el sentido que había cobrado mi vida, junto a ella quedó el Toni con ganas de vivir; el otro, el que estuvo a punto de volarse la cabeza con esa arma, tocó fondo, volvió a caer en la casilla de vuelta a empezar y no fue capaz de soportarlo. Esa arma significó mucho para mí, y el hecho de entregarla aún más.

Tras oír mi relato con total atención, Tía Lui abrazó mi mano con las suyas, me miró tiernamente, y de pronto en aquel rostro arrugado, en aquella dulce mirada, me encontré reflejado en los ojos de mi madre, y me envolvió el aroma de su perfume, el olor de mi casa en Sitges y el cariño con que siempre escuchó mis historias. Volví a tener trece años y a ser quien un día olvidé en un cajón por miedo al recuerdo, pero esta vez me mantuve presente y saboreé la sensación, la experiencia de volver al pasado, y no hui, decidí no guardar mis sentimientos y disfrutar de aquel momento junto a Tía Lui..., junto a mi madre, junto a mi pasado... El que llevaba treinta años intentando olvidar.

—Tienes mucho que perdonar, hijo. —Fue lo único que me dijo hasta que llegamos a nuestro hotel. Yo no hablé, solo lloré, lloré sobre su hombro todo mi pasado, aquel que jamás quise que me hiciera daño y que, sin saberlo, había destrozado mi vida.

Quizás Tía Lui tenía razón, y el hecho de haber podido pedirle perdón, el hecho de llorar como nunca hice la muerte de mis padres, de mi tía Jessica e incluso la de ella y mi hermano, ya que así lo decidí el día que los abandoné para siempre, creó en mí una sensación de libertad, que al salir de aquel taxi no pude más que darle las gracias.

—Gracias, y disculpa, hacía tiempo que no sentía tanta emoción.

—No tienes por qué agradecerme nada, agradécetelo a ti mismo. Estás sanando tus heridas y, como te he dicho, aún tienes mucho que perdonar. Es normal y muy bueno para ti que descubras esas emociones, no es más que la señal de que estás avanzando hacia lo que buscamos, llegar a tu mejor versión.

****

El hotel elegido por Tía Lui estaba en Manhattan, en la cincuenta y uno con la tercera, un sencillo hotel de tres estrellas muy distinto al que acaba de dejar en Los Ángeles.

—Hemos vuelto al hotel donde estuve de joven, he podido ver que está algo remodelado, pero mantiene la misma fachada de entonces.

»Si te parece, ¿nos vemos para la cena y salimos a dar un paseo?

—¡Claro! Genial.

Al llegar a mi habitación sentí unas inmensas ganas de fumar un cigarrillo, no podía creer cómo había podido aguantar tantas horas sin fumar. Miré el paquete que compré dos días atrás, hace una semana probablemente ese sería el segundo o tercer paquete que habría comprado.

Salí a pasear y, mientras fumaba, recordé las noches de fiestas y desenfreno que pasé entre aquellas calles. No me sentía orgulloso de ello, miré hacia arriba, a la inmensidad de aquellas torres iluminadas, y descubrí cómo fue allí donde empezó el principio de mi fin y cómo también allí podría comenzar de nuevo. A mi lado estaba una de las personas a las que más había querido en mi vida y había venido a ayudarme, a darlo todo por mí. Esta vez no dejaría pasar la oportunidad, esta vez no la defraudaría, no me defraudaría... Tiré el cigarrillo, del que solo había consumido la mitad, y volví a mi habitación; aquellas calles ya no veían al mismo Toni de siempre, tampoco yo veía aquella ciudad como antes.

Durante la cena conté a Tía Lui cómo Robert y aquel hotel de Malibú habían conseguido modificar mis hábitos alimenticios. Ahora comía en menos cantidad, consumía mucha fruta y verdura, no tomaba bebidas gaseosas y, a excepción de una copa de vino en algún almuerzo, el alcohol había salido de mi dieta. Me sentía con mucha más energía y vitalidad y mi peso se había reducido mucho más rápido de lo que jamás había imaginado.

Ella me contó cómo conocieron a Robert, y aunque la historia fue similar a la que él me había narrado, me ayudó a descubrir facetas de su vida que él, conscientemente, pasó por alto. Por ejemplo, nunca me dijo que a los dieciocho años le dieron una beca para estudiar en una de las universidades más importantes de Barcelona gracias a sus excepcional expediente en bachillerato o que en la actualidad esa misma universidad lo había condecorado como Doctor *honoris causa*, pese a que jamás alcanzó a terminar el segundo curso, o que uno de los centros de acogida más importantes de Sitges se llamaba Mamadou, en honor a su madre, ya que él había sido y seguía siendo quien financiaba todo el funcionamiento de dicho centro.

Mostré nuevamente mi gran admiración hacia él y agradecí a Tía Lui que me hubieran permitido conocerlo y disfrutar de todas sus enseñanzas.

—Él también está muy contento, cuenta que eres una de las mejores personas que ha conocido.

—Bueno, no será para tanto, nunca he destacado en nada, solo en crear problemas.

Tía Lui guardó silencio y continuó comiendo. Al poco tiempo levantó la cabeza de su plato y me preguntó.

—Toni, **¿te amas?**

No supe qué contestarle, me miraba fijamente a los ojos, sin mostrar inquietud ni prisa, pero haciéndome pensar en mi respuesta.

—No sé, supongo que sí. Aunque tampoco le encuentro mucho sentido.

—¿Puede dar fruto un árbol que durante el invierno no recibe el abono y el agua suficiente para que crezca y florezca en la primavera? ¿Puede una madre amamantar a su bebé si ella se niega a alimentarse? Jamás darás lo que no tienes, recuerda que tu realidad no es más que el reflejo de tu interior, así que cuida mucho tu vocabulario, cuida más aún el amor que te das.

»Imagina que una noche sales a navegar, a pescar, como tanto le gustaba a tu padre, y en la oscuridad de la noche comienzas a escuchar gritos y voces de auxilio. Parece que allí en alta mar los pasajeros de un barco a la deriva piden ayuda. Diriges tu barca hacia las voces y descubres cómo casi cincuenta personas permanecen hacinadas en una pequeña lancha que está comenzando a hundirse. Para colmo, la mar comienza a agitarse y una tormenta parece que se aproxima. Pides ayuda a la costa, pero en pocos minutos y justo antes de que llegues y les puedas facilitar tu apoyo comienza una fuerte tormenta y el oleaje destruye por completo aquella pequeña embarcación, el auxilio solicitado no llegará a tiempo, solo tú puedes salvarles la vida, miras tu embarcación y descubres… ¿qué decides imaginar, que tu barco es tan pequeño que solo podrías salvar a muy pocas personas o que llevas un gran yate en el que todos tienen cabida?…

»Lo mismo sucede con el amor que das, Toni, depende del amor que te des. Es así, no puedes amar si no te amas a ti mismo antes. Podrás hacerlo, pero desde una pequeña embarcación jamás ofrecerás a los demás un gran barco lleno de amor, si antes no decidiste tripularlo.

»Solo alcanzarás el éxito cuando vivas una vida plena de amor, y esto únicamente se alcanza cuando te sientes satisfecho contigo mismo, cuando eres feliz con quién eres y cómo eres, por eso es tan importante que te valores.

»El descubrimiento más importante que podemos hacer es el de saber que podemos alcanzar aquello que decidamos si lo acompañamos de esfuerzo, práctica y disciplina. La neurociencia ha comprobado que podemos llegar a aprender cualquier cosa que nos propongamos y de ahí a hacernos una referencia mundial solo nos separarán diez mil horas de prácticas. Sí, así es, se considera que toda persona que sea capaz de alcanzar esa cantidad de horas de prácticas en cualquier especialización se convierte en una referencia en su campo y eso, habitualmente, se logra con entre cinco y diez años de práctica diaria.

»Por esto, desde hoy decide amarte como el ser maravilloso que has venido a ser, aprende a mirarte cada mañana en el espejo y decirte: "me amo, me amo, me amo, soy lo que he decidido ser y tengo un propósito definido"...

»Te resultará complicado verbalizar esto, exponer tu propósito y elogiarte a ti mismo, y es que nuestra sociedad nos ha educado para evitar los reconocimientos, para pasar desapercibidos y premiarnos poco, pero estas creencias no tienen por qué perpetuarse para ti. Sal a romperlas, a colocarlas a tu favor, porque si piensas que algo es muy difícil o imposible de lograr, no harás lo que se requiera ni te plantearás seriamente su consecución, se convertirá en una profecía autocumplida, tus expectativas generan tu realidad, atrévete a aumentarlas, busca tu crecimiento personal, tu empoderamiento, y descubrirás el poder que hay en ti.

»He trabajado con muchos jóvenes que alcanzaron el éxito cuando nadie apostaba por ellos: si un disléxico puede acabar siendo *best seller*, si un joven inmigrante llega a ser Doctor *honoris causa*, si un estudiante universitario que abandona en el primer curso acaba siendo millonario, si una joven víctima de malos tratos termina dirigiendo una casa de acogida creada por ella misma, adónde no vas a poder llegar tú, que lo tienes todo...

—Es verdad, Lui, pero cometí tantos errores, me convertí en todo lo contrario a lo que mis padres me enseñaron sin ni siquiera darme cuenta.

—Pero eso es parte de tu pasado, y desde que Ángel llegó a tu vida hay algo muy importante que hemos intentado hacerte ver, o al menos eso creo.

—Sí, lo sé, el pasado no cuenta, pero para mí es muy doloroso mirar atrás y ver todo lo que perdí, el daño que causé y me hice a mí mismo.

—Tú lo has dicho, causaste, mirar atrás fue doloroso, ¡todo es pasado! Y por suerte el pasado solo puede afectarte si tú decides que así sea, en cambio el presente y tu futuro estás a tiempo de cambiarlos. Recuerda que toda experiencia del pasado por dolorosa que fuera no significó más que parte de tu proceso de crecimiento, parte de la partida que viniste a jugar, y que de ella debes sacar lo mejor, todo lo positivo que pudo aportarte y que, aunque en ocasiones no seas capaz de encontrar este aspecto enriquecedor al suceso, lo tiene y el tiempo te permitirá descubrirlo.

»Tú limítate a continuar, a prepararte un futuro de éxito, y acabarás encontrándolo desde el control de tus palabras. Utiliza solo un vocabulario positivo hacia ti y hacia los demás, evita la crítica destructiva y el chismorreo, ya que estos no son más que mensajes debilitantes. Muchas personas no saben comunicarse si no es con la crítica y las habladurías hacia unos y otros, ¡y se olvidan de ellos mismos! Huye de este tipo de personas que hablarán también de ti en cuanto hayas marchado.

»Además, recuerda que todo lo que das te es devuelto, todo lo que siembras, recoges. Así que, si siembras crítica, queja y mensajes de condena, será esto lo que te llegue devuelto... ¡y es así! Pruébalo, prométeme que desde hoy cuidarás tu vocabulario, evitarás hablarte con palabras limitantes. Elimina de tu vocabulario el "no valgo", el "no puedo", el "debería", y sustitúyelo por el "soy capaz", "voy a conseguirlo". Verbos como alcanzar, poder, lograr, mejorar, conseguir, te empoderan, y califícate con palabras como fuerte, valiente, decidido, apasionado. Atrévete cada mañana a colocarte frente al espejo y calificarte con este tipo de adjetivos empoderantes, comenzarás a verte desde otra perspectiva y, te repito, cuando tú cambias todo a tu alrededor cambiará.

»Conocí a Stephen J. Cannell en Los Ángeles hace unos años. Fue, y hoy en día tras su fallecimiento aún sigue siendo, un referente para el mundo televisivo y cinematográfico. Creó guiones y novelas de tanto éxito que le permitieron tener su propia productora y ser una de las personas más influyentes en la televisión de Estados Unidos, pero lo que nadie sabía es que muchos de esos guiones no los escribió él, sino que los dictaba. Su dislexia siempre lo acompañó, pero jamás lo dejó paralizado. Si él se hubiera resignado a lo que en la escuela le decían cada vez que repitió curso, no hubiera llegado a cumplir sus sueños, y repitió en tres ocasiones... Para él esto no fue lo determinante, lo que realmente marcó la diferencia en su vida fue descubrir cómo desde el esfuerzo y la certeza del SÍ PUEDO podemos alcanzar aquello que nos propongamos. En los años más importantes de su carrera, llegó a tener a su cargo a dos mil empleados... y seguía siendo disléxico.

"Estoy buscando a hombres que tengan la infinita capacidad de no saber lo que no se puede hacer".

Henry Ford

»Elimina el NO PUEDO de tu vocabulario y sustitúyelo por "voy a", "seré capaz de", "lograré", expresiones de este tipo que te capacitan, te ayudan a valorarte, a creer en ti, TE EMPODERAN.

»Las grandes personas de éxito se han hablado a sí mismas y han usado SIEMPRE un vocabulario de este tipo. Mira las biografías de Benjamin Franklin, Gandhi, Einstein, Teresa de Calcuta, Jesucristo..., ¡todos usaban a su favor el poder de la palabra!

»Imagina esa ancianita encorvada en las calles de Calcuta diciendo: "No, a mí no me llaméis para asistir a una manifestación en contra de las guerras, invitadme para eventos a favor de la paz". Lo dijo todo ahí, no necesita más aclaración, ella sabía que donde se pone la atención va la energía, pero muchos siguen sin oír sus palabras, ¿por qué no le hacemos caso? ¿Por qué la mayoría de las personas siguen ignorando el poder de la palabra hablada?... A veces pienso que no es solo cuestión de ignorancia... pero también creo que pienso demasiado, soy una vieja muy pesada, ya me conocerás.

Terminó su conversación agarrando mi mano y mirándome con dulzura.

—Mañana iremos a un sitio que seguro no conoces y verás la fuerza de la visualización, del planteamiento de metas. Por cierto, estoy deseando descubrir algunas de las metas que te has propuesto junto a Robert, ¿te importará que hablemos de ellas?

—Claro que no, me encantará compartirlas contigo, no sé si lo habré hecho bien.

—**¿Lo hiciste desde el corazón?**

Dudé en mi respuesta, pero descubrí que todo lo que escribí en Malibú fue fruto de la reflexión más profunda y, sobre todo, de mi búsqueda interior.

—Sí, creo que sí.

—Estoy segura, así que ESTARÁ BIEN, **como todo lo que haces desde el corazón**.

Tras esto, guardó silencio nuevamente mirándome a los ojos durante unos segundos.

—Vamos —me dijo sonriendo mientras se levantaba de la silla—. Toni, me gustaría que ahora usaras tu cuaderno y antes de irte a la cama dedicaras unos minutos a escribir en una de sus hojas algunos "NO PUEDOS" que aún mantengas en tu vida. Párate a pensar cuáles son esos pensamientos limitantes que te han acompañado durante años o aquellos que aún tengas y que estés empezando a descubrir. Atrévete a escribirlos en una de las hojas de tu cuaderno y tráela contigo mañana al desayuno, vamos a hacer algo muy bonito con ella, te sorprenderá lo que oculta Central Park a los ojos de los que no buscan.

»Ahora toca descansar, hijo, para mi cuerpo no es la hora que marca el reloj la que le pesa, sino el largo vuelo desde la otra punta del planeta. Dame un beso. —Y de nuevo, un fuerte abrazo de Tía Lui me llenó de tanto amor y ternura que me sentí la persona más afortunada del mundo—. Mañana será un hermoso día, tenía tantas ganas de volver a estar a tu lado. —Continuó mirándome de la misma forma que lo hacía durante mi niñez—. ¿Te parece bien que nos veamos en el desayuno a las ocho?

—Sí, genial, me dará tiempo de realizar mi rutina de ejercicios incluso.

—Ah, ¿sí? ¿Robert fue capaz de conseguirlo en tan poco tiempo? ¿Qué harás?

—Sí, he pensado salir a pasear y hacer algún ejercicio más en el pequeño *gym* del hotel, echaré de menos las olas y la arena de las playas de Malibú, pero las calles de Nueva York también tienen su encanto a las siete de la mañana. Quién me lo iba a decir, Lui, hacía años que no hacía nada de actividad física, y ahora cada día más lo necesito, es increíble lo bien que me encuentro desde que realizo este pequeño hábito en la mañana.

—Estupendo, hijo, no te arrepentirás, ahora descansa y prepara lo que te he pedido. Quizás te ayude a descubrir que salir a hacer deporte cada mañana no es lo único que ha conseguido Robert en estas tres semanas.

* * *

—¡Buenos días, Tía Lui!

—Buenos días, hijo, ¿has descansado bien?

Aún no eran las ocho. Yo estaba allí, en la pequeña cafetería del hotel, desde hacía unos quince minutos. Mientras esperaba me había tomado un zumo de limón, lo mismo que solía hacer Robert a principio de la mañana y antes incluso de su rutina deportiva. Pero lo más sorprendente es que antes de las siete de la mañana, tal y como me había propuesto, estaba paseando por las tranquilas calles de esta ciudad, que a vueltas de una hora se volvería uno de los lugares más concurridos del mundo.

Había conseguido establecer una rutina o mi ritual matutino, como me enseñó Robert, y me encantaba poder hacerlo cada mañana, ya no me costaba levantarme a las seis de la mañana, leer durante veinte o treinta minutos algunos de los libros que jamás hubieran estado en mi biblioteca hacía unos meses y, lo más sorprendente, salir a hacer deporte antes incluso de la hora que solía despertarme. Tras esto, acabar con una ducha de agua fría fue mi gran logro del día. Había aplazado esta última parte de mis hábitos para mi llegada a Nueva York, lo hice a modo de premio y de reto que lograr en la ciudad a la que, de no haber aprendido a surfear, no hubiera viajado nunca.

Y allí estaba yo, con la sensación del trabajo bien hecho, sintiéndome como Robert cada mañana cuando me recibía cargado de energía; ahora podía comprender por qué él era capaz de mostrar esa actitud recién levantado mientras yo seguía sintiéndome como un trapo.

Me sorprendía mi tono de voz, mi vitalidad, mis ganas de estar allí con Tía Lui, dispuesto a aprender y al mismo tiempo a convivir con la persona que más admiraba en el mundo en aquellos momentos.

—Sí, Tía, apenas he dormido, la verdad, pero las horas que lo he hecho han resultado de provecho, me acosté tarde terminando lo que me pediste, me ayudó a reflexionar y en parte lo uní a mis metas. Pero lo que más me sorprende es cómo puede cambiar tu vida cuando tienes un propósito, desde entonces mi vida tiene sentido, sé hacia dónde voy, sigo leyéndolo cada mañana y antes de acostarme, y he descubierto que me da suficientes motivos para levantarme de la cama cada día decirme lo mucho que me amo y salir a la calle lleno de energía y optimismo. Además, poder estar contigo de nuevo es de las mejores cosas que me ha pasado en estos días.

—No sabes cuánto me alegro. —Y diciendo esto abrazó mi mano entre las suyas nuevamente, y mirándome a los ojos continuó hablándome. Yo volví a caer preso de la dulzura de sus palabras—. Eres el hijo pródigo de la parábola de Jesús, no soy experta en la Biblia, pero en esta historia, un padre celebra por todo lo alto el regreso de uno de sus hijos que tiempo atrás decidió marchar y llevar una vida muy alejada de los principios y los hábitos que él le enseñó. Su padre, al verlo regresar arrepentido de todo cuanto hizo, no castiga ni recrimina la actitud del hijo, sino todo lo contrario, celebra la vuelta, la resurrección de este, que él llegó a dar por muerto.

»Algo así me ha ocurrido contigo, Toni, no sabes cuánto te he echado de menos, cuántas veces quise verte como uno de los chavales de nuestra casa, entrando por nuestra puerta con una simple mochila, pero con un gran corazón abierto al perdón y al arrepentimiento.

»A veces no comprendía que debías jugar tu partida y te buscaba, volvía a preguntar por ti, y siempre acabé encontrándote, pero de nuevo tu experiencia de vida me hacía ver que aún no era tu momento, que de nada serviría llamar a tu puerta cuando tu alma aún no estaba preparada, y me repetía una y otra vez que tu maestro aparecería justo cuando TÚ estuvieras preparado. Y así fue, cuando más lejos te tenía, cuando más tiempo hacía que no sabía de ti, acogiste a Rosa como tu maestra de vida. Y de nuevo Dios, el universo, me demostró que la vida no es más que una bonita partida de dados, y que en su desconcierto es donde reside su mayor grandeza. Supe entonces que ya jamás te volvería a perder y que pronto volvería a abrazarte.

»He tenido mucha suerte en el juego de la vida, Toni, ¿sabes por qué? Porque conocía las reglas y decidí usarlas a mi favor, y jamás perdí, jamás tuve una partida mala, simplemente tuve partidas que me enseñaron más que otras, y gracias a ellas hoy soy esta anciana que ves. Y que cuando ya no esté en este plano, todo el mundo sabrá que fui la mejor persona que pude ser, porque siempre di lo mejor de mí, siempre hice lo máximo que pude, y sobre todo, siempre coloqué en la balanza del corazón cada uno de mis actos y esto me permitió cometer muy pocas equivocaciones. Y ya ves, aunque a veces pensé lo contrario, contigo también se obró el milagro. —Y tras esto volvió a guardar silencio.

—Gracias, Tía Lui... ¿Sabes qué fue lo que no me permitía conciliar el sueño esta noche? La idea de que Ángel aquel día no hubiera llegado a llamar a mi puerta a tiempo. Nada de esto hubiera sucedido de haber llegado diez minutos más tarde...

—¿Qué hubiera sucedido si Ángel no hubiera llamado a tu puerta aquel día?

—Pues que hoy no estaría aquí, iba a suicidarme.

—¿Y qué hubiera sucedido si Ángel no hubiera llamado a tu puerta aquel día?

No sabía qué decir, me repetía la pregunta que acababa

de responderle.

—Pues, que me hubiera quitado la vida.

—¿Y qué hubiera sucedido si Ángel no hubiera llamado a tu puerta aquel día?

De nuevo la misma pregunta...

—Que hoy estaría muerto, no estaría aquí.

—¿Y qué hubiera sucedido si Ángel no hubiera llamado a tu puerta aquel día?

—Que no hubiera podido volver a verte —respondí casi sin pensar.

—¿Y qué hubiera sucedido si Ángel no hubiera llamado a tu puerta aquel día?

—Que nada de lo que he aprendido en este tiempo, ni la carta de mis padres ni mis días con Robert, nada, hubiera sucedido.

—¿Y qué hubiera sucedido si Ángel no hubiera llamado a tu puerta aquel día?

—Nada, no sé a dónde quieres llegar, Tía Lui, estaría muerto, eso es lo que hubiera sucedido, no estaría aquí, hubiera estado muerto, durante días quizás, allí en la soledad de mi apartamento...

—Estarías muerto, **¿eso es lo peor que podría haberte pasado?**

—Sí, claro.

—Y si estuvieras muerto, **¿qué te preocuparía?**

—Nada... ya no estaría aquí.

—Entonces, ahora que consigues estar aquí, **¿qué motivos tienes para mantener ese temor?** Ya has visto qué es lo peor que te hubiera pasado y que, de haber sucedido, tampoco seguirías preocupándote. **¿Crees que tiene sentido tu inquietud?**

—No.

—Pues anda, desayunemos que tenemos toda una vida por delante.

Unos ejercicios para el éxito...

Mi lista de porqués...

Redacta un listado de tus porqués hacia el éxito. Escribe todas las razones que puedas encontrar para alcanzar el éxito. Todos aquellos motivos que te llevarán a seguir luchando por la meta que te propongas. Cuantos más porqués encuentres relacionados contigo, con tu familia, con tu vida... cuantos más aspectos incluyas, más motivos tendrás para seguir luchando, para salir a conseguirlo.

> *"Solo una cosa convierte en imposible un sueño, el miedo a fracasar"*
>
> Paulo Coelho

Programación de Expert@ mundial...

Si hay algo en lo que te gustaría formarte, algo en lo que te gustaría destacar, estás solo a diez mil horas de serlo. Si dedicas ese número de horas a un campo o tema determinado, acabarás siendo un experto, una experta, mundial en la causa. Así que no lo dudes, comienza hoy, da tu primer paso hacia la maestría de aquello que deseas. Planifica tu semana, ¿cuántas horas podrías dedicarle a aquello que quieres ser? ¿Cuántos libros podrías leer sobre el tema? ¿A quién le podrías pedir ayuda para mejorar más rápidamente? Cuanto más tiempo le dediques, cuanto más te dejes ayudar, más pronto alcanzarás la maestría... Estás a tan solo diez mil horas de lograrlo, ¿te lo crees?... Recuerda, da igual tu respuesta, en ambas opciones habrás acertado, porque TODO DEPENDE DE TI...

¿Te amas? Cuida tu vocabulario

Piensa en la forma en que te hablas, en que usas tu vocabulario interno para dirigirte a ti. ¿Son palabras positivas? ¿Negativas?...

Desde hoy prométete que no utilizarás palabras negativas hacia ti, busca alguien que te apoye y te dé un aviso cuando lo hagas, no lo pienses, prémiate si no lo haces, si lo descubres y lo sustituyes. Busca algo que te guste, que quieras alcanzar, y cada vez que te descubras hablándote en forma negativa trae a tu mente esa sensación de éxito, ese momento que quieras alcanzar, eso te ayudará a asociar mensajes negativos con situaciones de éxito, y como a tu mente ese conflicto no le gusta, dejará de atraerte mensajes negativos y en su lugar, ¿qué crees que quedará?... No lo cuestiones hasta que lo hayas intentado...

Escribe qué situación atraerás a tu mente cada vez que te descubras con pensamientos negativos.

"El estado de tu vida no es más que un reflejo del estado de tu mente"

Wayne Dyer

Mírate en el espejo y dite aquello que deseas escuchar de ti siempre, y termina con esta frase a modo de mantra:

*Me amo, me acepto y me amo,
soy salud, amor, éxito, paz y abundancia,
me amo, me acepto y me amo.*

CAPÍTULO 11

Hija de Dios (Wakanda)

"No preguntes a las nubes, ellas se mueven con el viento y esperan tu llegada, ahora escucha a tu corazón y haz lo que él espera de ti.

Solo tienes que escucharlo; hace tiempo que te llama".

Wakanda, **protectora de Central Park**

Era el primer cigarrillo del día, esperaba a Tía Lui en la puerta del hotel y, aunque lo necesitaba, el resentimiento que me dejó la última calada me hizo pensar que tardaría bastante en volver a encenderme el siguiente. No obstante, y tal como me dijo Robert, mantuve mi paquete en el bolsillo, no por darme tranquilidad y engañar a mi subconsciente, sino "por si surgía la necesidad".

Había disfrutado de un desayuno lleno de frutas y otros alimentos poco elaborados, también ahí hice caso a Robert. Me sentía saciado, pero ligero, la pesadez de estómago y el sentirme hinchado tras cada comida ya no era mi estado habitual, otro gran cambio en mi vida que descubrí esa mañana tras desayunar y aprender de la mano de Tía Lui. Era un placer dialogar con ella, te hacía sentir escuchado, comprendido y la persona más importante del mundo en ese momento. Le conté algunas de mis metas, mi propósito de vida, algunos de los "no puedo" que llevaba escrito en mi bolsillo, y le hice ver cómo mi vida había tomado un nuevo rumbo desde aquel día en que estuve a punto de perder la partida.

—¡Vamos Toni! —Tía Lui me llamaba desde la entrada del hotel con un plano de la ciudad en la mano y una mochila donde imaginé guardaría su cámara de la misma forma que lo hacía treinta años atrás—. El chico de recepción me ha explicado dónde podremos alquilar una bicicleta para pasear por Central Park, me gustaría recorrer hasta el último rincón, y, además, quizás tengamos que buscar a mi vieja amiga.

—Ah, estupendo, vive aquí tu amiga.

—Sí, pero la buscaremos en su lugar de trabajo, en Central Park, es ella a quien te dije que seguro que no conocías. Lleva años trabajando en el parque, solo que va cambiando de lugar cada cierto tiempo. Con ella culminaremos la actividad de los "no puedo", te encantará.

Es sencillo recorrer las calles de Nueva York cuando te has movido por otras grandes ciudades, como Ámsterdam o Madrid, cuyos callejeros no son tan cuadriculados. En ella doce avenidas suben y bajan y casi doscientas calles la cruzan de lado a lado, de esta forma, encontrar una dirección o alcanzar una ubicación es muy sencillo, solo sigue la avenida o cruza las calles una a una hasta llegar a la indicada, la nuestra, en la Quinta con la Cincuenta y siete, estaba a unos metros de una de las entradas al parque.

Anduvimos solo unos veinte minutos, recorriendo la quinta avenida desde el Rockefeller Center hasta llegar a donde recogeríamos nuestras bicicletas, en una tienda muy cerca de la Torre Trump, a la entrada de Central Park. Creo que solo una vez más había visitado el parque y fue en invierno, tras una fuerte nevada. Recuerdo que me sorprendió la cantidad de personas que, aun con frío y nieve, paseaban o practicaban deporte por entre sus caminos y avenidas.

—Tía Lui, creo que no monto en bici desde que tenía quince años.

—¡No me lo puedo creer! Dicen que es algo que nunca se olvida, vamos a comprobarlo hoy contigo. No temas, te encantará, porque de esta forma podremos localizar a mi amiga mucho más rápido, recorrer el parque entero andando nos llevaría mucho tiempo. A mí me encanta pedalear, suelo moverme por Sitges en bici y muchos se sorprenden de ver a esta vieja tocar el timbre cuando pido paso, no quiero ni pensar lo que sería de ellos si continuara conduciendo mi coche. —Y juntos reímos a carcajadas.

Tal como anunció Tía Lui, aún mantenía el equilibrio sobre la bici y, además, los kilos que había perdido en estas semanas actuaron a mi favor a la hora de pedalear. Recorrimos casi la mitad del parque pedaleando tranquilamente con la única instrucción de buscar a una chica con aspecto de india apache sentada frente a una mesa muy próxima a un gran árbol o ver algo de humo ascender de entre ellos. Solo así localizaríamos a la misteriosa amiga de Tía Lui en medio de esta inmensidad de parque urbano.

Cuando ya llevábamos casi una hora pedaleando me atreví a preguntarle:

—¿De verdad no tiene un teléfono o página web tu amiga donde localizarla?

—¡Ja, ja, ja! —Tía Lui rio y echó un pie al suelo para responderme—. Cuando la conozcas descubrirás la respuesta y por qué esta es la única forma de localizarla. Subamos a aquella zona.

Y así lo hicimos, ascendimos empujando la bici y nos sentamos a descansar en una de las zonas más elevadas del parque, una hermosa vista de gran parte de la ciudad y de casi todo Central Park se mostraba ante nosotros.

—Esperaremos aquí, observando, tenemos que ser paciente, hijo, pero es la única forma de encontrarla para los que hace tiempo que no venimos a verla. También podríamos seguir paseando y esperar encontrarla, pero así fue como la encontré la última vez y así espero encontrarla hoy. Veremos humo, en algún momento, veremos un humo de color gris o azulado y allí será a donde tendremos que ir. Hay que ser paciente.

Y allí estuvimos esperando un humo misterioso que, según Tía Lui, aparecía cada cierto tiempo. Por suerte no habían pasado ni quince minutos cuando vi algo que parecía un humo ascender en la zona norte, bastante alejado de donde estábamos.

—¡Mira!

—Sí, es ella, estoy segura, vayamos. Creo que será muy cerca de donde la encontré la última vez, por la zona del lago.

—Pero ¿quién es, Tía Lui?

—Es una chamana siux, puede que de las últimas supervivientes de su raza.

La zona del lago era la que presentaba una arboleda más frondosa, por lo que estuvimos paseando por sus estrechos senderos durante un buen rato hasta que la encontramos bajo un gran roble, a unos treinta metros del carril más cercano.

Al acercarnos pudimos observarla trabajar en alguna manualidad. Se trataba de una mujer de unos cincuenta años de edad, su belleza se ocultaba tras pinturas oscuras alrededor de sus ojos y líneas azules, rojas y amarillas en sus mejillas. La ceja que desde mi posición podía ver, estaba cubierta casi en su totalidad por piercings metálicos y de madera tallada con precisión. Una pequeña cinta de colores cubría su frente y se perdía bajo su larga melena de pelo plateado que adornaba con algunas plumas de colores. Me sorprendieron sus ropas, no correspondía con la que una mujer apache hubiera llevado, ella no hubiera llegado a Central Park montada a caballo, sino a lomos de una Harley Davidson. Botas de punta, pantalón y chaleco de cuero negro era su única indumentaria. Muchos collares de colores, de diversos materiales, cubrían su cuello y su pecho, y en su brazo mostraba tatuajes de simbología india perfectamente trazados.

Al acercarnos algo más, Tía Lui señaló hacia un árbol al lado de la chamana. Se trataba de un cartel grabado en la parte trasera de la piel de algún animal de mediano tamaño, clavado magistralmente por una flecha del más puro estilo siux. No pude dejar de leerlo y Tía Lui lo hizo igualmente:

Yeh ko'

En el año 1713, muy cerca de aquí, mis ancestros descubrieron este fuego, nadie sabe cómo surgió de la nada, pero ardió y se mantuvo vivo sin hacer daño al bosque ni a los seres vivos que lo habitaban durante casi quince lunas, le llamaron "El fuego eterno, El espíritu del bosque" y nadie se atrevió a tocarlo, a apagarlo, ni a dudar de su poder, excepto el hombre blanco.

A su llegada, nuestra tribu fue maltratada, destruida en

gran parte y expulsada de aquí, donde habíamos habitado durante miles de años. Pero antes de que destruyeran El espíritu, se nombraron a los hombres que defenderían el fuego eterno para evitar su destrucción.

Fue imposible que los colonizadores, en su afán de poder, comprendieran más allá de su avaricia, y apagaron la llama para siempre, sin pensar las consecuencias, sin saber lo que realmente significaba. Ellos jamás hicieron caso a la madre tierra.

Por suerte, mis ancestros sí sabían lo que el fuego significaba para este bosque, para ellos y para todos sus habitantes, y salvaron la llama, manteniéndola viva muy lejos de aquí, pero haciéndola presente en la distancia.

Parte del espíritu sigue vivo aquí, por eso el hombre blanco jamás fue capaz de destruir esta zona que siglos después aún se mantiene verde entre miles de árboles de acero mucho más grandes y fuertes que ellos, pero vacíos de espíritu, sin vida, sin el poder del fuego eterno.

Dicen que algunos de los árboles que te rodean fueron testigo de esta historia, que algunos de ellos protegieron con sus ramas al Fuego eterno, pero no tengo permiso para decirte cuáles fueron, pondría en peligro su historia, solo puedo decirte que mi tribu, mi familia, ha mantenido este fuego purificador desde entonces, que ha viajado kilómetros, huyendo, buscando un lugar donde perpetuarse, sin que nadie supiera que era aquel fuego que nunca se apagaba. Muy pocos sabemos que, gracias a esto, hoy puedes ver aún este trozo del gran bosque que un día fue Manhattan, nadie sabe por qué se mantuvieron vivos tantos árboles en medio del deseo de poder y de dinero, nadie sabe por qué jamás las construcciones llegaron a destruir Central Park, yo sí lo sé, fue El Espíritu, que siempre estuvo vivo y continuó protegiéndolo, al igual que hoy sigue haciéndolo y mañana lo hará del mismo modo, porque indios como yo y personas como tú siguen creyendo que el Espíritu del Bosque nos protege.

Yeh ko'

Ella continuó trabajando sin inmutarse por nuestra presencia. Lo hacía en alguna manualidad sobre una tabla de madera llena de adornos y artículos artesanales indios y frente a una pequeña hoguera que también ocupaba su mesa de trabajo. Tía Lui se atrevió a preguntarle.

—Hola, ¿eres Wakanda?

—Sí, soy Wakanda, pero tú buscas a mi madre y ella hace tiempo que viaja en las nubes.

—Lo siento mucho, hija... La conocí hace algunos años, me contó su historia y me encantó. Además, en aquel momento me ayudó mucho; yo era joven y aún tenía la cabeza llena de dudas.

—Ella sabía encontrar las dudas dentro de cada persona, aunque esta no las tuviera. Todos tenemos dudas, a veces pensamos que ya lo sabemos, que lo hemos alcanzado o que lo alcanzaremos, que nada nos podrá parar porque sabemos a dónde vamos. Pero un día nublado descubres que no estás tan segura de lo que haces, de lo que quieres, de a dónde quieres ir, y entonces todo se derrumba, por un momento quizás, o a veces para siempre, pero todo cambia y este cambio lo creó la duda, por eso es bueno descubrirla antes, mucho antes de que ella te descubra.

—¿Desde cuándo eres tú la que estás aquí, Wakanda?

—Desde mucho antes de nacer, mi alma siempre estuvo entre estos árboles, al igual que la de mi madre antes de que yo llegara, y al igual que la de Adahy. —Y señaló entonces a un niño pequeño de cinco o seis años que jugaba entre los arbustos y que hasta ese momento no habíamos visto—. La tuya también habitó entre los bosques, la de él en el mar. —No había levantado la cabeza para dirigirnos la palabra, hablaba mientras creaba una especie de correa de cuero que, en ocasiones, para sellar o marcar algún punto, quemaba mínimamente en el fuego que mantenía sobre su mesa, proveniente de una ánfora metálica. Entonces, en esos momentos puntuales, era cuando un humo gris se elevaba de forma lenta, como si el viento no le afectara, como si siguiera una línea recta directa al cielo, no entendí cómo sabía que éramos dos, y mucho menos que yo fuera un hombre.

—Hemos venido a verte porque él quiere sellar parte de su pasado en el fuego eterno, ¿podrás ayudarle?

—Si no pudiera ayudar, el fuego ya no estaría junto a mí, él puede ayudar a todos los que quieren ser ayudados, pero no pude cambiar el corazón de las personas. —Entonces por primera vez levantó la cabeza y clavó su mirada en la mía. Me quedé boquiabierto, no pude apartar la mirada, sus ojos no eran iguales, uno era verde como el mar y otro celeste, en un tono tan claro que casi parecía blanco. Además, al tener todo el contorno de sus ojos teñido de negro, simulaba una mirada felina que me erizó la piel. Permanecí totalmente paralizado escuchando sus palabras, hechizado por su mirada. Por suerte continuó hablando a Tía Lui, lo que me permitió liberarme de la fuerte conexión que habíamos establecido.

—Sus deseos podrán ser protegidos por "El espíritu", él lo cuidará, pero nada podrá hacer si no hay un corazón liberado por el perdón en la persona que lo escribió. —Tras esto volvió a dirigirse a mí congelándome con su mirada—. Ve al mar y une tu alma con la suya, allí podrás perdonar y ser perdonado. Solo allí aquello que deseas se hará tuyo. Ahora, si así lo has decidido, quema tu escritura y cámbiala por el mensaje que Wakanda dejó para ti antes de viajar con las nubes. —Y señaló una pequeña bolsa de cuero que colgaba de su mesa y en la que se podían ver pequeños pergaminos envejecidos, quién sabe si por el paso del tiempo o por una técnica manual de esta indígena del siglo veintiuno. De una forma u otra, el pergamino fue tan misterioso como toda la visita a este enigmático rincón de Central Park.

No podía creer cómo en una de las ciudades más concurridas del planeta, en uno de los lugares donde la naturaleza más había sido maltratada por el hombre, una mujer como ella continuara existiendo, defendiendo, además, algo insólito, pero que, tras conocerla, no me atrevería a poner en duda ni la más increíble de sus afirmaciones.

Antes de quemar mis "No puedo" y dejarlos atrás para siempre, o al menos hasta que volviera a unir mi alma con el mar, tal y como acababa de decirme, Wakanda nos habló del fuego eterno y del porqué de su existencia:

—El fuego purificador, el dios fuego, el fuego eterno, el que todo lo puede, el que todo lo cura y el que todo lo ve, protege nuestro bosque y vela por nuestras almas, aquí y en las nubes. "El espíritu" actuará sobre los deseos de tu alma, él todo lo crea y lo abre, todo lo destruye, lo cierra y concluye, pero no va más allá de tu alma, ningún deseo procedente de la mente llegará a influir en sus llamas, y como el viento pasará para siempre. En cambio, todo deseo del alma será elevado a las nubes y serán ellas las que aquí entre nosotros lo hagan... Puedes usar ahora el fuego si así quisiste hacerlo.

Impresionado por sus palabras y aun descifrando su mensaje, deposité mi escrito en el ánfora que mantenía el pequeño fuego sobre la mesa y comenzó a arder. Quedé hipnotizado viendo cómo se elevaba hacia el cielo el humo misteriosamente azulado del fuego que quemaba mi hoja de papel, lo hacía con un orden extraño y a una velocidad excesivamente rápida para lo habitual. El trozo de papel pasó por tres colores en su desintegración, comenzó siendo azul, luego rojizo y por último verde.

—El Espíritu del bosque, en primer lugar, llega al SER y abraza tu esencia, quien realmente eres hoy, luego al DESEO, descubriendo lo que se quiere alcanzar en eso que has escrito, y, por último, el fuego eterno acaba llegando al PUEDO, dando permiso a que se logre aquello que se creó en la mente de quien lo quema. Antes de que tu papel se transforme totalmente en humo, deberás coger tu mensaje de la bolsa. —Y me señaló el pequeño saco de cuero que contenía los pergaminos.

Y así lo hice. Cogí uno y lo mantuve en mi mano, cerrado, tal y como estaba en la bolsa, envuelto por una pequeña cuerda creada de alguna planta o raíz.

—Muchas gracias —dijo Tía Lui e introdujo en la misma bolsa un billete, con el que agradecía la oportunidad que nos había dado. Yo no era capaz de emitir palabras, todo aquello me estaba superando, jamás había sentido tal estado de incertidumbre, misterio y paz al mismo tiempo. Wakanda, volvió a dirigir su mirada a Tía Lui y continuó despertando nuestra admiración:

—Otros ojos azules viajan en las nubes y te siguen. Ellas esperan tu llegada, pero tú aún tienes muchos bosques que observar. Tu gran ojo ve más allá que los demás y esto te hará retrasar tu llegada a las nubes. No dejes de entregar tu mirada a los que no pueden ver, ellos aprenden gracias a ti y al Espíritu le gusta.

Tía Lui guardó silencio. Con lágrimas en los ojos acarició

su mano y asintió con la cabeza.

Este mensaje de Wakanda increíblemente la hacía conocedora de su presente, pasado y futuro: los otros ojos azules que la seguían eran los de mi madre y mi tía Jessica, con lo que alcanzó a ver su pasado; su presente lo descubría al referirse al gran ojo que tanto gustaba al Espíritu del bosque, su cámara fotográfica, con la que, como siempre, Tía Lui seguía encontrando puntos de vista que nadie era capaz de detectar en cualquiera de los paisajes que fotografiaba, y su futuro, le presagiaba muchos años más de vida si continuaba con la fotografía. Algo insólito para una persona que acababa de conocernos...

Muy a mi pesar, nos despedimos, agradeciendo su ayuda. Ella continuó en la misma posición, con la misma tarea que la encontramos, y entonces Adahy, su hijo, se levantó y nos dijo adiós también con su pequeña mano, al hacerlo descubrimos en su mirada los ojos bicolores de su madre. Central Park estaría protegido, al menos, por otra generación más.

—¿Te ha gustado? —me preguntó Tía Lui al llegar de nuevo a uno de los caminos asfaltados del parque.

—Ha sido una de las experiencias más maravillosas que he vivido, transmitía tanta paz y misterio, me encantaría sentarme con ella y pasar horas hablando, no sé de qué, pero... no quería marcharme, era una sensación muy extraña.

—Por suerte podemos volver cuando queramos, ella continuará estando aquí.

Continuamos caminando, no fuimos capaces de pedalear, casi llegamos a la entrada del parque empujando nuestras bicis y sin hablar.

Wakanda y su madre nos habían dejado marcados, para siempre.

***

Entregamos nuestras bicis y seguimos caminando hasta la avenida de Broadway para bajar hacia Times Square, donde Tía Lui descubriría el lado menos místico de la Gran manzana, pasaríamos al otro extremo de la espiritualidad con la que nos habíamos topado hacía unos minutos, descubriríamos el consumismo y el ansia de poder que la ciudad concentra en los luminosos de aquella pequeña plaza. No obstante, aprendí que junto a Tía Lui nada resultaba lo que parecía y hasta en los lugares más insólitos podíamos hallar la magia de las leyes universales.

—Toni, ¿has oído hablar alguna de vez del SAR? En nuestro cerebro.

—¿SAR? No, no sé qué es, jamás lo había oído.

—Lo imaginaba. Dentro de nuestro cerebro tenemos una zona que nos permite localizar e incluso atraer aquello que deseamos, se llama así, SAR, Sistema de Activación Reticular, que será fundamental en el proceso de logro de tu éxito, pero que nos gustaría que trabajaras con tu siguiente mentor. Ahora te la he nombrado porque voy a explicarte cómo uso yo estas siglas, SAR. Me encanta usarlas para otras palabras, estas son: SITUACIÓN + ACCIÓN = RESULTADO, de esta forma descubrirás que todo lo que tienes, eres o te sucede hoy en tu vida, no es más que los resultados de las acciones (decisiones) que tomaste ante cada una de las situaciones que tu partida, en el juego de la vida, te ha propuesto. Por este motivo no puedes culpar a nadie de lo que te suceda o te esté ocurriendo, porque recuerda que todo es fruto de tus acciones, reacciones o decisiones, como desees llamarlo, pero TODO DEPENDE DE TI. Y si no, piensa un momento, **¿por qué estás aquí hoy?**

Tras mi silencio, Tía Lui continuó narrándome, formándome en su maravillosa asignatura de vida.

—Cada vez que digo esta frase de **"TODO DEPENDE DE TI"**, me viene a la mente una tierna historia que con tan solo catorce años me contó mi abuela paterna... Jugaban unos chicos en el patio del colegio y vieron llegar al profesor, al que todos, como era costumbre en aquella época, respetaban y percibían como una gran institución. Uno de ellos, más atrevido y pícaro que ninguno, quiso poner a prueba la sabiduría del profesor, y tomando uno de los pajarillos del nido con el que habían estado jugando, lo escondió entre sus manos y se lo llevó a su espalda con la intención de preguntarle y demostrar que él también podía equivocarse. El chico había decidido hacerle una única pregunta: ¿el pajarillo que cogimos del nido está vivo o muerto? Si la respuesta fuera "muerto", él le mostraría el polluelo con vida tal y como lo habían cogido del nido, si la respuesta del profesor fuese "vivo", él mismo le retorcería el cuello y lo mataría, de este modo el profesor acabaría quedando en evidencia errando su respuesta de una forma u otra. El chico se acercó a su viejo profesor y el preguntó:

"Señor, ¿podría decirnos si el pajarillo que cogimos del nido y escondo tras de mí está vivo o muerto?".

El profesor miró al joven y le respondió con una sonrisa:

"TODO DEPENDE DE TI".

»Y así es, en nuestra vida no podemos alcanzar más de aquello que hemos logrado por medio de la fórmula anterior. Nuestras **A**cciones ante determinadas **S**ituaciones que nos propuso la vida nos llevaron a unos **R**esultados, por lo que debemos reconocer que somos los creadores de nuestra realidad actual, ya sea de éxito, fracaso, enfermedad, salud, alegría, tristeza, amor, miedo... Y si no estás satisfecho con los resultados que tienes tomarás dos opciones, siempre es igual: o te haces responsable y piensas que tus acciones, ya sean decisiones, pensamientos, comportamiento ante determinados hechos, autoestima, capacidad de tomar acción..., dependieron de ti y crearon tu realidad, o culparás a las situaciones que te planteó la vida, a tu jefe, a tu profesor, a tu trabajo, quizás a la ciudad donde te tocó nacer o la familia que nunca te apoyó, los amigos que te llevaron por donde no debías o incluso la crisis mundial de la que nadie se salvaría... TODO ES MENTIRA, no es más que consuelo para tu mente... el único responsable eres TÚ.

» **Mientras no seas capaz de verte como responsable 100 % de tu vida, no podrás crear el futuro que deseas ni alcanzar las situaciones que quieres experimentar, CAMBIA TUS ACCIONES Y CAMBIARÁN TUS RESULTADOS, o si lo miras en otro orden...**

» **Piensa en los Resultados que deseas, enfócate en ellos, visualízalos y lleva a cabo Acciones que creen esos resultados, mágicamente la vida te llevará a Situaciones que pondrán en marcha el proceso que te llevará al logro de lo que estabas buscando...**

» **Y de esta manera habrás cambiado la fórmula a R + A = S, que te llevará de nuevo a S + A = R, pero esta vez los Resultados serán los deseados y preparados por ti.**

—¿Qué piensas de todo esto, Toni?

—Que es cierto, es muy novedoso este planteamiento, pero tienes razón, estoy comprendiendo que en cuanto realmente eres capaz de controlar tus respuestas a determinadas acciones que tú sí controlas, tu vida entera puede cambiar. Pienso, por ejemplo, en la última vez que vi a Nick y cómo por culpa de mi reacción descontrolada me vi obligado a huir de España, sin embargo, yo siempre lo culpé a él.

—¿Qué ocurrió, Toni? Eso no lo sabía.

—Bueno, imagino que no sabrás quién es Nick. Él fue mi socio durante mucho tiempo, pero acabó traicionándome, y como te decía, la última vez que lo vi fue en un aeropuerto. Él intentó pedirme perdón y yo no fui capaz de perdonarle, ni siquiera de escucharle, muy al contrario, le di tal golpe mientras que yo me fracturé varios huesos de la mano. Esa Acción me llevó a perder un importante trabajo, junto a otros resultados tan duros que acabaron por traerme aquí, a la otra punta del mundo, a comenzar una nueva vida. Y yo aún le culpaba.

—¿Comprendes cómo podría haber sido todo muy distinto simplemente cambiando tu decisión, tu forma de actuar?

»Antes de entrar a almorzar te contaré una última historia para que veas cómo cambiando el enfoque TODO puede cambiar a tu alrededor. Esta historia me la contó una buena amiga en la India.

» *Una vez, una empresa de zapatos, que pretendía expandir su misión por el mundo, envió a dos de sus vendedores a una zona rural de la India para ver si tendrían mercado en ese perfil de población. Tras una semana de análisis y estudio de mercado, las conclusiones enviadas por cada uno de los vendedores fueron muy diferentes.*

»*El primer vendedor recomendó no iniciar la expansión en esa zona, ya que según había podido comprobar, allí nadie llevaba calzado y nunca lo habían llevado, por lo que las ventas serían nulas, no habría clientes.*

»*En cambio, el segundo vendedor informó de que habían llegado al lugar adecuado en el momento más indicado, ya que allí la población aún no había descubierto los beneficios de llevar calzado y nadie lo usaba todavía, por lo que, de esta forma, todos serían potenciales clientes.*

»Ves qué diferencia de enfoque. El primer vendedor delega toda la responsabilidad en el contexto, en las costumbres de las personas a quienes va a dirigir su producto. En cambio, el segundo vendedor va más allá y se coloca a él mismo, a su empresa, como responsable de introducir un producto que, si ha funcionado en el resto del planeta, ¿por qué no va a funcionar allí?

—Sí, vaya diferencia, la actitud del primer vendedor es la que yo hubiera tomado, no tenía mucha lógica vender zapatos allí, en cambio, muchos de los grandes productos que se comercializan hoy en día comenzaron así, creando la necesidad donde no la había.

—Así es. ¡Mira! —gritó señalando los rótulos luminosos de un restaurante muy popular en la zona de Time Square—. Hemos llegado, Toni, tomaremos algo aquí, ¿quieres? Espero que te guste lo que ofrecen. Seguro que conoces mejores restaurantes en Nueva York, pero este tiene algo que quiero que conozcas; ni en el mismo Hollywood lo podrías haber visto.

Habíamos llegado al Planet Hollywood de Nueva York, un típico restaurante estadounidense lleno de referencias a la ciudad de donde acababa de venir, Los Ángeles, y más concretamente a Hollywood y el mundo del cine.

***

—Aún me siento sobrecogido por la experiencia con Wakanda. —Tuve que reconocerle a Tía Lui.

—Sí, verdad, su madre era igual, impresiona mucho su sabiduría y su don tan especial de ver más allá, su conexión con las nubes como ella le llama. Si te parece podemos volver a verla en estos días antes de marcharnos.

—Sí, me encantaría. Has dicho marcharnos, ¿nos iremos juntos de aquí? No me dejarás como hizo Robert.

—Ja, ja, ja. ¡No hijo, no! Llevo casi treinta años queriéndote tener junto a mí, así que ahora no te va a resultar fácil escapar. —Y cogiendo mi mano y mirándome tan dulcemente como siempre, continuó—: Viajaremos juntos hacia nuestro siguiente destino.

—¿Y dónde iremos?

—Aún falta mucho, no te preocupes, ahora disfrutemos del presente y construyamos el futuro. Justo eso es lo que vamos a hacer a partir de ahora. Ven, levántate y vayamos a ver lo que quería mostrarte de este lugar. Hablaremos de ello durante la comida.

Nos dirigimos a uno de los cuadros de cristal iluminado que se repartían magistralmente por todas las paredes. Este recogía en su interior un manuscrito perteneciente a Bruce Lee, el gran karateca y actor de los años setenta. Se trataba de una carta que él mismo se escribió en 1969, en ella expone su principal objetivo de vida y se autoproclama como la primera super estrella oriental en EE. UU., y que esto lo conseguirá en menos de diez años.

Tal y como me contó Tía Lui, alcanzó su objetivo mucho antes. Cuatro años después de escribir esta carta grabó la película que le daría fama mundial, *Operación Dragón*. Su sueño se había hecho realidad.

—Como ves, muchas personas de éxito usaron el poder del autoconvencimiento para lograr lo que se propusieron. Estoy convencida de que todo el auge económico y social que se dio en Estados Unidos durante la primera mitad del siglo XX se debió en gran medida a este conocimiento que para el resto del mundo no era tan claro. A comienzos de este siglo un joven periodista se dedicó a estudiar a las quinientas personas más ricas e influyentes del país con la única intención de localizar las causas de sus éxitos, y sus conclusiones las recogió en un libro que más tarde se convirtió en el libro más vendido de todos los tiempos en este tipo de género, de no ficción. Si tuviéramos que englobar en uno solo los distintos principios que Napoleon Hill destacó, **la mentalidad positiva de éxito hacia aquello que se desea, acompañado de la suficiente constancia** que te permita continuar pese a los reveses que seguro te encuentras en el camino, sería el que los recogería a todos. Pues fíjate, casi un siglo después, aún hoy, nos sorprendemos al ver cartas como estas de Bruce Lee, cuando ya hace mucho que Hill nos mostró el secreto.

»¿Te has atrevido alguna vez a escribir algo así?

—No, Tía Lui, jamás tuve estos planteamientos en mi cabeza, de hecho, en estas semanas que han pasado desde mi reencuentro con Ángel, he reflexionado y escrito más sobre mí que en toda mi vida, pero este enfoque de futuro jamás lo hice y me gustaría hacerlo, creo que puede ser divertido. Pero, de nuevo, no me veo capaz de lograr grandes metas, grandes sueños, cuando durante toda mi vida no he sido más que un perdedor y un imán para los problemas.

—Y es eso lo que deseas seguir siendo, ¿verdad? Estás muy a gusto en esa posición, se ve.

—Para nada, ¿por qué dices eso?

—Porque no paras de verbalizarlo, de traerlo de nuevo a tu realidad por medio de tu vocabulario, ¿aún no te das cuenta?

—Sí, lo sé, es algo que Robert me repitió muchas veces, e incluso Ángel me lo dijo, pero créeme, me resulta muy difícil.

—Pues mírame. —Me agarró de los hombros con sus delgadas pero fuertes manos, y al encontrarme de nuevo cara a cara con ella, me sentí como el niño que recibe una advertencia de su madre, pero orgulloso de poder disfrutar de sus consejos y feliz al saber que por fin había alguien que estaba a mi lado apoyándome, queriéndome, sin juzgar mi pasado. Al observarla, al escuchar sus palabras de sabiduría, pensé que nadie diría que aquella mujer era ya octogenaria, ni por su físico, ni mucho menos por la energía que desprendía en cada uno de sus actos—. No vuelvas a decir nada que vaya en tu contra, no atraes problemas, no cometes errores continuamente, no haces daño a los que te quieren, no eres NADA de lo que te arrepientas de haber sido, hecho o incluso pensado, tu futuro empieza HOY, y desde hoy aquí. —Y me señaló fuertemente con su índice en mi frente, inclinándome la cabeza un poco hacia atrás—. Y aquí. —Llevó ahora su índice a mis labios, no usando tanta fuerza, pero sí sellándomelos con su dedo—. No volverán a existir la autoimagen negativa, ni mensajes, ni siquiera palabras que te sitúen donde no quieres, que te cataloguen como algo que no quieras ser. No vuelvas a juzgarte por lo que fuiste o por la etiqueta que te impusieron, no tienen ningún valor, más que aquel que tú quieras darle. Muy al contrario, hablarás, pensarás y dirás a todo el mundo SOLO AQUELLO QUE DESDE HOY HAS DECIDIDO SER, el resto es pasado, y como tal hay que dejarlo ir, a nadie le importa ya, y mucho menos a ti, que tienes claro hacia dónde vas. —Su mensaje fue tan contundente que me dejó sin palabras, lo había oído ya de Robert y de mi hermano, pero de esta forma tan directa y al contacto de sus manos, supe que nadie más tendría que repetírmelo, ella había sido capaz de dejarlo grabado en mi alma.

El día que descubres que eres RESPONSABLE al 100 % de tu situación actual, de lo que fuiste en el pasado y de lo que serás en el futuro, ya nada vuelve a ser igual.

»Volvamos a la mesa, Toni, tengo algunas muestras claras de lo que te estoy diciendo, las etiquetas y las creencias limitantes están para romperlas.

Y mientras almorzamos descubrí la verdad de sus palabras.

—Otros como tú llegaron a ser personas de éxito, de impacto mundial, aun cuando en su infancia los habían tachado de incompetentes o les habían llegado incluso a expulsar de la escuela.

»Einstein fue considerado incapacitado para el aprendizaje académico y fueron sus padres los que le tuvieron que facilitar la educación fuera del contexto escolar, porque nunca llegaron a creer en ese diagnóstico.

»A Thomas Edison también lo expulsaron de la escuela por su incompetencia para los estudios, les dijeron a sus padres que sería una pena que continuaran gastando dinero en su educación, "simplemente llegaría a ser el máximo inventor de la edad moderna".

»Albert Schweitzer fue médico y filósofo, entre otras carreras de éxito, y Premio Nobel de la Paz en 1952. A sus padres, también desde el colegio, les recomendaron que lo formaran como aprendiz de zapatero para que pudiese tener un trabajo en la edad adulta; antes de los veinte años ya era doctor.

»Richard Branson, una de las personas más ricas del mundo, etiquetado como disléxico, superó la primaría con mucha dificultad, pero abandonó los estudios a los quince años. Esto no le impidió fundar su primera empresa de éxito a los dieciséis. Actualmente tiene un patrimonio de más de cinco mil millones de dólares.

»Algo falló en las predicciones que realizaron sobre el futuro de todos ellos, ¿te atreves a encontrar cuál fue el error en dichas predicciones?

—¿En la incompetencia de sus profesores que les etiquetaron pensado que todos los niños son iguales?

—No, porque eso sería colocar la causa fuera del punto de control que, recuerda, TODOS debemos tener. La causa debe depender de nosotros, no podemos delegarla, por lo que culpar a la escuela del fracaso o a sus padres del éxito no tendría sentido. Todas las predicciones fallaron porque ELLOS DECIDIERON LO CONTRARIO, optaron por CREERSE QUE PODÍAN y continuaron intentándolo hasta que alcanzaron el éxito. Ninguno de ellos buscaba la fama o el dinero, simplemente buscaban alcanzar lo que se propusieron y para ello no escucharon los mensajes limitantes, rompieron las etiquetas y salieron a hacer el doble de lo que cualquier ser humano en mejores condiciones que ellos sería capaz de hacer. Ahí, justo ahí, está la diferencia, por eso jamás te plantees que no puedes, que no lo lograrás, que no serás capaz, ya que sabemos que todo lo que te propones ya está en ti, que solo tienes que salir a buscarlo con determinación.

—Cuánta razón tienes, Lui, yo mismo pude comprobar esto cuando a los diecisiete años decidí estudiar y llegar a tener una carrera, cuando llevaba casi dos años siendo uno de los alumnos muebles de la clase. Acabé los estudios en honor a la tía Jessica, ella lo dio todo por mí y yo no supe agradecérselo mientras vivió, por esto cuando en los momentos más difíciles y dudosos me venía abajo, me recordaba a mí mismo el daño que le había causado y el orgullo que le supondría saber que algo de lo que intentó grabar en mi mente sí me sirvió.

»Pero ahora me doy cuenta de que mis nuevas metas, incluso mi propósito de vida, nada tienen que ver con mi carrera académica, ni siquiera profesional. Se centran tanto en el arte, la rama que siempre he amado, pero nunca me atreví a desarrollar, que no sé si estaré acertando en mi decisión.

—Si cierras los ojos y te ves desarrollándote profesionalmente ahí, en eso que te has propuesto, **¿eres feliz?**

—Sí, mucho, es lo que siempre soñé.

—¿Y no te atrae la idea de alcanzar así una vida de ensueño?

—Sí, por supuesto.

—Pues no busques más y sal a conseguir la vida que deseas.

—Sí, pero ¿podré logarlo sin formación alguna?

—Solo te daré un dato que conocemos muy bien tu hermano y yo, puesto que hemos estudiado y trabajado con algunos de ellos: según la revista Forbes, tres de cada diez personas de las quinientas más ricas del mundo jamás acabaron los estudios universitarios, multimillonarios como Steve Jobs, Bill Gates, Mark Zuckerberg, Michael Dell, Larry Ellison o Ralph Lauren, no tienen estudios superiores, y el español Amancio Ortega, clasificado como uno de los diez hombres más ricos del mundo, no llegó a acabar ni la escuela primaria. ¿De verdad sigues pensando que el éxito depende de una carrera universitaria?

—No, queda claro, aunque sí depende de esfuerzo y dedicación.

—Y algo más. Más importante incluso que eso, lo trabajaste mucho con Robert…

—¿La mentalidad?

—¡Sí, eso es! Mentalidad de éxito, de abundancia, de salud, de amor… de que el universo conspira a tu favor y ¡que todo lo que sucede lo hace para ayudarte a convertirte en quien viniste a ser!

—Esa será tu próxima tarea y la última de las que he venido a trabajar contigo.

—¿Y nos marcharemos? —La interrumpí porque sentí que al realizar esta última tarea el trabajo que había venido a hacer conmigo se acabaría, lo que supondría que nos marcharíamos a buscar a mi siguiente mentor, y aunque ella estuviera cerca, ya no sería lo mismo.

—Hombre, si consideras que ya me has enseñado todo lo que tenía que ver de la ciudad de Nueva York, pues sí.
—Y me miró con una tierna sonrisa en los labios.

Su tono irónico me tranquilizó.

—No, claro que no, aún no hemos visto nada, nos queda tanto por ver.

—Pues entonces, disfrutemos de nuestro tiempo juntos, aún tienes mucho que contarme.

> *"Los títulos no honran a los hombres,*
> *los hombres honran los títulos".*
>
> Nicolás Maquiavelo

***

Terminamos nuestro almuerzo y pasamos la tarde paseando por las principales calles de la Gran Manzana, acabamos tomando café en el Rockefeller Center, donde Tía Lui echó en falta el espectacular árbol que cada año por Navidad se convierte en el abeto más fotografiado del mundo. Dejamos pendiente esa foto; ya teníamos un motivo para volver juntos a Nueva York.

Tras la cena se acababa el día para Tía Lui y para mí, era ahí justo el momento en que le gustaba revisar todo lo que habíamos aprendido durante el día y cuando me proponía la siguiente tarea que realizar.

Esta segunda noche no me propuso nada en concreto, simplemente me animó a que reflexionara sobre todo lo que habíamos visto y me había propuesto tanto ella como Wakanda, que no había sido poco. Pero, además, me pidió que planificara las visitas que realizar en los próximos tres días, lo concretaríamos todo a la mañana siguiente.

Me sentí afortunado, volvería a descubrir la Gran Manzana junto a una de las mujeres que más había influido en mi vida, la que, como una madre, siempre me quiso de forma incondicional y a la que, por suerte, aún tenía a mi lado, entregándome su amor en cada mirada.

Preparé un itinerario como nunca antes había hecho para mí mismo, de hecho, este recorrido nos permitiría conocer mucho más de lo que yo llegué a ver en los años que estuve allí. Sabía que ella, al contrario que yo, disfrutaría yendo de un lugar a otro sin necesidad de estar mucho tiempo en cada uno de los lugares que visitar.

Tras esto, revisé mi día al completo y di gracias por todo lo sucedido, por todo lo aprendido, y entonces recordé que aún no había abierto el pergamino que cogí de la bolsa de Wakanda, aquel que su madre había dejado escrito para mí.

Decía así:

No preguntes a las nubes, ellas se mueven con el viento y esperan tu llegada, ahora escucha a tu corazón y haz lo que él espera de ti.

Solo tienes que escucharlo; hace tiempo que te llama.

Wakanda

La chamana, desde las nubes, no podía haber acertado más con sus palabras... No me marcharía de Nueva York sin volver a saber de ella.

Unos ejercicios para el éxito

*"No pases las horas mirando las nubes,
ellas siempre te estarán esperando"*

Wakanda

La Carta de Bruce Lee

Esto que escribió Bruce Lee lo hizo muy probablemente tras la lectura de uno de los primeros libros que hablaba de estos temas, un libro escrito por Napoleon Hill a comienzos del siglo XX, *Piense y hágase rico*, uno de los libros de autoayuda más vendidos de todos los tiempos. En él se propone el planteamiento por escrito de un objetivo principal definido, algo como una meta principal que alcanzar, con fecha de consecución y con un "precio que pagar". A lo que Hill se refiere con esto es a qué aportarás tú al mundo con tu objetivo, qué pondrás sobre la mesa del universo para que él te dé lo que pides. De ahí que en su escrito Bruce Lee diga: "A cambio, siempre realizaré la mejor actuación ante las cámaras".

Igual que Bruce Lee, atrévete a escribir tu principal objetivo definido y qué darás a cambio en el proceso de conseguirlo y una vez lo hayas alcanzado. No te conformes con poco, sueña alto, sueña en grande... no te mereces menos.

"Ve a por ello ahora. El futuro no está prometido a nadie"
Wayne Dyer

"El éxito no es la clave para la felicidad. La felicidad es la clave del éxito. Si le gusta lo que está haciendo, usted será un éxito"
Albert Schweitzer

CAPÍTULO 12

Querido yo, estoy tan contento de todo lo que hiciste y que aún no he podido ver...

"Lo que la mente del hombre puede concebir y creer es lo que la mente del hombre puede lograr".

Napoleon Hill

Pasamos unos días inolvidables, llenos de amor, bondad y sabiduría, en cada una de las palabras, en cada uno de los gestos de Tía Lui, me encontraba una enseñanza y un motivo de agradecimiento a esta nueva vida que empezaba a descubrir. Recorrimos la ciudad, conociendo muchos de los rincones que yo nunca visité, pero que sabía, por otros, que eran lugares de ensueño y magníficos para la fotografía, aquello con lo que ella se sentía viva.

Una de las tardes propuse a Tía Lui bajar en taxi hacia Brooklyn para luego caminar por el puente hasta Manhattan, conocía la perspectiva de la ciudad que ofrece el puente y su "gran ojo" podría sacar fotos tan impresionantes como las que más tarde sacó, confirmando mi intuición.

Mientras caminábamos por el puente, me propuso una de las tareas más emotivas de todas las que realicé junto a ella:

—Toni, una de las herramientas más potentes que conozco para trabajar la visualización y la mentalización hacia el éxito es lo que se conoce como "La carta de mi yo del futuro". Es algo similar a lo que Bruce Lee se escribió a sí mismo, pero algo más extenso y con una redacción diferente.

»En esta carta, TÚ te escribes a ti mismo, pero lo haces dirigiéndote a tu "yo" del momento actual desde el futuro, esto es, que te sitúas en el futuro deseado, en una fecha concreta, y desde allí escribes agradeciendo por todo lo que has logrado, por todo lo que has conseguido ser, hacer y tener en ese tiempo que aún no ha llegado. Pero para tu "yo", el que escribe la carta, ya ha sido una realidad, y por eso te escribe ahora, para informarte, contarte su experiencia de felicidad y satisfacción por todo lo que logró.

»Te pongo un ejemplo, si quisieras conseguir un puesto de trabajo que siempre te atrajo muchísimo, en la carta la redacción sería algo así: "Estoy tan contento de estar trabajando por fin donde siempre deseé, es increíble la de cosas que he aprendido en este tiempo y la satisfacción que ofrece el poder trabajar codo a codo con otros compañeros tan cualificados e implicados como yo".

»O si deseas encontrar el amor de la persona ideal, podrías poner: "Te diré también que esta vez sí he encontrado a la mujer de mi vida, nada de lo que sucede a su lado me hace dudar, al contrario, vivo en una nube disfrutando de su presencia, sintiendo en cada uno de sus actos lo que nunca nadie me había hecho sentir, por fin alguien me ama a la altura de mis sentimientos".

»Tu carta, Toni, se la llevaremos a Wakanda, llévala encima estos días, y en cuanto podamos volveremos a buscarla por Central Park, eso fue lo que yo quemé en El fuego cuando la conocí y aún recuerdo perfectamente cuántos de mis planteamientos se hicieron realidad o incluso acabaron en situaciones mucho mejores de lo que deseé.

—Me parece una propuesta genial, estoy deseando escribirme desde el futuro. Con Robert planteé mi realidad futura y ahora con esta carta la voy a visualizar COMO SI YA la hubiese alcanzado.

—¡Eso es! —Me sorprendió el modo en que Tía Lui recibió mi respuesta—. El "como si ya" es muy importante, y lo vas a trabajar. Me alegra que ya lo hayas descubierto por ti mismo, dame un abrazo, hijo. No sabes lo que había soñado este momento, has llegado mucho más tarde de lo que esperaba, pero has llegado en la forma en que siempre soñé, con un gran corazón y una mente abierta al cambio. Te quiero, Toni.

—Y yo, Tía Lui. —Y allí en medio del puente de Brooklyn, y como si de una película se tratase, nos fundimos en un abrazo lleno de amor y ternura, como todo lo que me había sucedido junto a ella.

***

Tras la escritura de mi carta, por varias ocasiones propuse a Tía Lui ir a visitar a Wakanda para llevársela, pero siempre me proponía una actividad alternativa y dejábamos para otra ocasión la visita. Pero una tarde fue ella la que me animó a coger un taxi hasta Central Park y reencontrarnos con la chamana.

La encontramos en el mismo lugar donde la habíamos encontrado en la primera ocasión, me preguntaba si realmente cada noche se iría a dormir a algún lugar recogiendo todo lo que tenía montado a su alrededor o si sería capaz de dormir allí, como lo harían sus antepasados. Por la forma en que todo estaba ubicado posiblemente pasara allí las noches, puesto que nada de lo que observé la vez anterior parecía haberse movido.

Excepto ella misma.

Su pelo había cambiado de color, tornándose a un tono azulado, las plumas eran mucho más llamativas y coloridas, y la pintura con que cubría sus ojos era de un rojo muy vivo, lo que convertía la exuberancia de sus iris en la mirada más exótica y atractiva que he visto nunca. Aquel día Wakanda parecía tener unos treinta años, quizás veinte menos de los que me pareció que tenía la última vez que la vimos. Lo único que mantenía de su aspecto anterior era la ropa, seguía siendo la indumentaria de una típica estadounidense apasionada de Harley Davidson.

Como en la vez anterior, comenzó a hablar antes de habernos observado, antes incluso de que nosotros la saludáramos.

—Sabía que volveríais, Wakanda me habló de ustedes. Pocas veces lo hace y nunca lo hizo de almas gemelas, a ella ojos azules la esperan en las nubes, pero a ti, tu otro yo, te espera en el mar y necesita estar a tu lado; su alma también es del mar y bajó de las nubes para estar junto a ti. Tú nunca te escuchaste y siempre huías, de esta forma no le has permitido realizar el trabajo que su alma vino a hacer aquí, entre nosotros.

»Son hermosas las historias de las almas cuando las ves desde las nubes. Vienen a crecer y a veces lo consiguen.

Entonces, por primera vez levantó la cabeza de su tarea, que consistía esta vez en coser a una especie de collar plumas de pequeño tamaño.

—Decidme, ¿qué queréis de mí? ¿Qué queréis de Wakanda hoy?

Y dicho esto soltó lo que estaba haciendo, introdujo su mano en la bolsa donde solían estar los pergaminos con los mensajes de Wakanda, su madre, y sacó uno extendido, en blanco, y lo colocó delante de ella.

—Hemos preparado un escrito que nos gustaría entregar al fuego eterno para que él lo permitiera. —Fue Tía Lui quien respondió, yo nuevamente volví a quedarme sin palabras ante aquella mujer.

—Tú, que ya has vivido una vida, sabes que nada se alcanza sin perdón, y hoy, al igual que ayer, su alma sigue inquieta y nada podemos hacer por ella si él antes no va al mar.

—Sí, pronto lo hará y sellará su pasado.

—Ha de hacerlo para que el fuego pueda intervenir. Quema aquello que viniste a traer y coge el mensaje que Wakanda dejó para ti. —Y dicho esto, al contrario que la vez anterior, mientras el papel se consumía ella comenzó a escribir en el pergamino que había sacado. Pude comprobar que comenzó por el final, escribiendo la fecha de aquel día, 23 de agosto de 2025. Al terminar de poner la fecha, levantó nuevamente su mirada y clavó sus ojos en los míos—. El mensaje que has cogido no es para este momento, Wakanda quiere que lo habrás cuando sanes tu alma, solo entonces lo entenderás. —Solo pude responder a su aviso con un movimiento afirmativo con mi cabeza. Y hasta que no volvió a la escritura de su pergamino, no recuperé el don de la palabra.

—¿Escribes un mensaje de tu madre? —Me atrajo la curiosidad de saber de qué manera escribía los mensajes que aparecían en los pergaminos, los cuales llegué a creer que los había escrito la misma Wakanda antes de morir.

—Sí, Wakanda decide cuándo hablarme, jamás me dio una fecha, y hoy lo ha hecho por primera vez, el tiempo allá en las nubes no existe. Igual que para nosotros no existe el futuro, para ella sí, pasado, presente y futuro es todo uno para ella. Ya todo está escrito, yo solo soy su pluma, y ya sé qué quiere que escriba.

Y de nuevo clavó su mirada en mí, parecía que estuviera leyendo mi mente. No pude mantenerla, espontáneamente le di las gracias y de esta forma me dirigí a Tía Lui, confiando en que ella dijera algo a modo de despedida, pero también calló y permaneció mirándola. Al regresar a su mirada la encontré en la misma posición y descubrí que sus pupilas se movían de una forma especial, no permanecían quietas, pequeños movimientos laterales y rápidos se sucedían de una forma que nunca había visto antes y jamás he vuelto a ver. Tuve miedo por un instante, pero de pronto dejaron de moverse y entonces giró la cabeza, volvió a coger su pluma y se acercó a escribir en el pergamino.

Apuntando al papel, pero sin escribir, empezó a hablar.

—Tu pasado está muy lejos de tu futuro, ve y alcánzalo. En las nubes esperan grandes logros de ti, otras almas te necesitan, te estaban buscando, pero siempre huiste hacia dentro, ahora debes salir y cerrar caminos abriendo otros. Deja tu miedo aquí junto al fuego eterno, ha llegado el momento de escuchar desde el corazón y dibujar con tus manos la sonrisa que siempre te dijeron, que siempre te esperó. En las nubes esperan grandes logros de ti. Sal a buscarlos.

***

Como la vez anterior, caminamos en silencio tras despedirnos durante, al menos, quinientos metros.

—Tía Lui, ha habido muchas cosas que no entendí, pero ha repetido tanto eso de que debo perdonar, que me gustaría que me aclararas cómo piensas hacerlo y qué papel juego yo, porque tú has respondido de una forma muy segura.

—Yo no voy a hacer nada, hijo, todo lo harás tú, es tu perdón el que necesita tu alma, y es tu alma la que necesita perdonar. Yo solo te llevaré al mar, como ha pedido Wakanda que hagas, y allí serás tú quien perdone y quien pida perdón.

—¿Pero a quién y qué debo perdonar?

—Solo tú puedes saberlo, busca dentro de ti y piensa que solo así todo lo que estamos haciendo habrá servido de algo. Tu hermano y yo cumpliremos con nuestra parte y mañana estarás cerca del mar, tú procura cumplir con la tuya.

—¿Cerca del mar? ¿Volvemos a Malibú?

—No, viajaremos a un lugar mucho mejor, Barcelona, volvemos a casa.

Unos ejercicios para el éxito

Escribe tu carta a "tu yo del futuro"

Fecha la apertura de la carta en el momento del futuro que te imagines escribiéndola, desde donde mires atrás y veas los logros que ya hayas alcanzado, esos logros que aún no conseguiste, pero que sabes que se harán realidad en el futuro.

Entonces escríbete felicitándote por ellos, alegrándote y reconociendo cuántas cosas buenas te han aportado en este tiempo que aún no has vivido, pero que desde el momento en que se escribe la carta sí que ha transcurrido, desde ahí ya es parte de tu pasado y toda una maravillosa realidad.

Puedes enviar esta carta de forma simbólica, de tal forma que la guardes en algún lugar y no vuelvas a abrirla hasta la fecha futura que hubieras elegido para escribirla, por ejemplo, si has planteado una realidad que había sucedido durante el próximo año, pues pondrás de fecha de apertura un año. Decide qué día exacto "llegará" esa carta, y ese será el día en que la abrirás y podrás comprobar cuántos de tus sueños se han hecho realidad…

El margen de tiempo lo decides tú, aunque es conveniente no escribir ni muy muy lejos, diez o quince años por ejemplo, ya que perdería mucho interés, ni muy próxima, uno o dos meses, ya que los logros e incluso las probabilidades de éxito serían menos altas. Pero bueno, es algo que va a depender de TI y de cómo lo quieras plantear, siempre que incluya emoción y satisfacción hacia el logro valdrá, y lo que para uno puede ser un corto plazo, para otros puede resultar ideal. Así que lánzate a escribir tu primera carta de tu yo del futuro, seguro que escribirás otras muchas... Como siempre, ¡disfruta del proceso!

TERCERA PARTE...

Barcelona, España

"Si quieres despertar a toda la humanidad, entonces despierta tú mismo. Si deseas eliminar el sufrimiento en el mundo, entonces elimina todo aquello que es oscuro y negativo en ti mismo. Verdaderamente, el mayor regalo que puedes ofrecer es el de tu propia autotransformación"

Lao Tse

TERCERA PARTE

No podía creer que en pocas horas estuviera nuevamente en Barcelona y, tal como me había dicho Tía Lui, en el pueblo que me vio nacer, Sitges.

Había pasado la noche sin dormir, apenas tenía información de mi nueva etapa en España y de quién me esperaba en esta tercera y última fase de mi formación. Sabía que no sería Ángel, pero que sí alguien de su total confianza, ya que Tía Lui solo me había repetido en un par de ocasiones que él nunca se había equivocado en este tipo de elecciones y que, desde hacía años, se dedicaba a ello, trabajando para las mejores empresas y profesionales en muy diversos campos.

En mi pequeña maleta de mano, de nuevo todo mi pasado se reducía a un par de mudas que me había comprado en Nueva York, unos libros y mi Cuaderno para el Éxito.

Había pasado poco más de un mes desde que Ángel me salvó la vida y ya nada era igual, y sabía que jamás volvería a serlo. El Toni que llegaba a Barcelona, más de treinta años después de su partida, o el que llegaba a España después de salir huyendo, nada tenía que ver con el que marchó. Si algo había cambiado en mí tras la lectura de La Carta y tras los aprendizajes hechos de la mano de los mágicos personajes que me habían acompañado en este proceso, era que todo el odio guardado en mi interior, tanto en aquel momento en que me trasladé con tía Jessica y me encontré solo comenzando una nueva vida a los quince años, como cuando hui a EE. UU. para dejar atrás todo mi pasado, lo había cambiado por amor y comprensión. Amor a mí mismo y a todos los seres humanos que, como yo, viven una vida ajena a las reglas del juego o a aquellos otros que, como Ángel, Robert o Tía Lui, han alcanzado un nivel de conciencia superior y son capaces de ayudar a otros a recorrer el camino de la mejor manera posible.

Por esto, durante la noche y en mis horas de insomnio, decidí no tener miedo a lo que me iba a encontrar a mi llegada. Tenía deudas, económicas y emocionales que pagar, una vida sin futuro profesional aún establecido y tan solo a Ángel, Robert y Tía Lui como familia y amigos, nada más.

Llegué a sentirme como un niño recién nacido, como un aprendiz de taller, como un novato en el instituto o en la universidad…, comenzaba de cero… pero por segunda vez y con más de cuarenta años…

***

Faltaban dos horas para el aterrizaje, a mi lado Tía Lui despertaba, yo ya había visto dos películas y acabado el último libro de los que me recomendó mi hermano.

—¿Qué tal, has descansado algo? —me preguntó.

—No, no he pegado ojo, los nervios no me lo permiten. Son tantas dudas, incluso miedos…

—No debes preocuparte, ya sabes que el cambio es algo obligado en el ser humano y que ya siempre estaremos a tu lado, ¿qué temes?

—Fueron muchas las deudas que dejé sin pagar cuando me fui.

—¿Económicas? —Tía Lui me lanzó esta pregunta sonriendo.

—Las que más —respondí yo sabiendo que el cierre de mis negocios fue uno de los principales motivos que me llevó a huir.

—Te recuerdo que eres un clon de tu hermano y que, por suerte, él sí ha sabido gestionar sus negocios y antes de ir a buscarte se encargó personalmente de cerrar bien todo lo que dejaste pendiente cuando aún no eras quién eres hoy.

TERCERA PARTE

—¿Cómo? —No podía, o no me atrevía, a entender lo que me decía Tía Lui.

—Pues que Ángel durante un tiempo fue Toni Peñalosa y junto a mí, aquí en España, y a Robert, en EE. UU., se encargó personalmente de pagar cada una de tus deudas económicas, dejándolas zanjadas y preparándote un comienzo sin riesgo ni cargas de aquella vida que, como tú dices, jamás te sonrió. Y no debes darle las gracias, a ninguno de nosotros, todo lo hizo, todo lo hicimos, porque esperábamos que hoy estuvieras aquí. Con esto has demostrado que, como nos contó Rosa y más tarde tu hermano, hay mucho corazón en ti y tienes mucho que dar aún. Sigue creciendo como persona, mejorando en tu camino hacia el éxito, y esa será la mejor forma de agradecérnoslo todo.

—Pero era mucho dinero lo que dejé pendiente...

—El dinero es una idea, ¿recuerdas?

—Sí —respondí sonriendo—. Quizás son otras deudas pendientes las más dolorosas, y todas las tendré que sanar yo.

—Sí, hijo. —Entonces, Tía Lui agarró mi mano y volvió a repetir el gesto que tantas veces había realizado en este tiempo. Su dulce mirada, su silencio, me hizo pensar en voz alta.

—No sé si volveré a ver a Nick, pero me gustaría hacerlo, a Rosa, a Valeria, mi exmujer, y a otros que por desgracia ya no nos acompañan...

—A todos podrás pedir perdón y perdonar, a todos, no te preocupes ahora por eso. —Apretó mi mano, me dedicó una cálida mirada y, sin soltarme, volvió a dejar caer su cabeza en el respaldar del asiento.

El comandante indicó que comenzábamos el descenso para el aterrizaje.

CAPÍTULO 13

El reencuentro...

"Amaré la luz porque me muestra el camino, sin embargo, voy a soportar la oscuridad porque me muestra las estrellas"

Og Mandino

Tras recoger el equipaje de Tía Lui, nos dirigimos hacia la salida. Aún desconocía quién nos esperaba, dónde viviría este tiempo en Barcelona, qué mentor habían elegido para acompañarme... pero mis dudas desaparecieron en cuanto comencé a avanzar hacia las puertas de salida del aeropuerto y ya nada me importó. Miré a Tía Lui sonriendo de emoción y alegría, volvía a casa, y en la mejor compañía.

Podía divisar tras las puertas de salida el cúmulo de personas que esperaban ansiosas por recibir a sus familiares. Como en la mayoría de aeropuertos en hora punta, la recogida de los viajeros era un momento especial, descubrí que me encantaba observar el rostro ilusionado de la mayoría de los que esperaban, moviendo las cabezas, ansiosos por encontrar a sus seres queridos. Yo no buscaba a nadie, nadie me buscaba a mí. Tal como me dijo Tía Lui, iríamos en taxi a nuestro destino, pero conforme me fui acercando me pareció ver un cartel con mi nombre, y lo más sorprendente es que estaba escrito con la tipología de letra que yo solía usar para la mayoría de mis presentaciones, una tipología creada por mí. Quien sostenía el cartel era una chica que mantenía su mirada baja, miraba al cartel, lo que hacía que cubriese su rostro con su pelo.

Giré la cabeza para preguntar a Tía Iui, pero esta no estaba ya a mi lado, paré a buscarla, miré a mi alrededor, pero no la encontré, me pareció distinguirla empujando su maleta hacia la dirección opuesta a la salida hacia los taxis, no entendía nada, entonces volví la mirada hacia la chica que sostenía el cartel y esta vez la pude reconocer, me miraba sonriendo… era Rosa y el mundo se me vino encima.

Me quedé paralizado donde estaba, no podía avanzar, no sabía qué decirle, qué hacer, mi corazón me decía que la abrazara y la besara, pero mi mente no me permitiría hacerlo, le había hecho tanto daño… Sin embargo, en su rostro no había rencor ni odio, sino todo lo contrario, me ofrecía la misma sonrisa, la expresión cálida y hermosa que siempre tuvo para mí hasta en los momentos más duros y dolorosos que le hice vivir, y esto me tranquilizó y me permitió continuar hacia ella.

Cuando estaba cerca, abrió sus brazos y entonces sí, me atreví a darle un abrazo que estremeció todo mi cuerpo y rompió mi corazón. La mujer que más había amado en mi vida, aquella a la que defraudé de la peor manera posible, me ofrecía su perdón, sin pedirme explicaciones, sin reproches, solo amor… lo que ella siempre fue.

—Lo siento, Rosa, lo siento, amor mío, prometo devolverte hasta el último céntimo de lo que te quité, nuestras vidas estaban en juego y no supe actuar de otra forma. Tengo mucho que contarte, todo lo que debería haberte contado el día que salí huyendo de tu lado. Te vuelvo a pedir perdón y te lo pediré mil veces, no te merecías eso, sino todo lo contrario, pero yo nunca estuve a tu altura, perdóname.

—Lo sé, Toni, sé todo lo que pasó, ya me lo han contado. Vamos, hablaremos de camino a casa.

—¿Pero dónde vamos? ¿Y Tía Lui?

—No te preocupes, a ella también la recogen. Te llevaré a casa, aunque tengas poco equipaje hemos pensado que te apetecerá situarte un poco y descansar antes de continuar con tu formación.

—¿Pero a dónde vamos? ¿A mi casa?

—Sí, claro, Tía Lui y Ángel siempre la han mantenido como la dejaste, estos días volverá a ser tu hogar, si así lo deseas.

—Pues claro, qué ilusión, no me atreví a preguntar a Tía Lui si aún nos pertenecía. No habrá sitio mejor para estar que en ella. ¿Vive allí Ángel?

—Solo cuando está en Sitges, ya te contará, tu hermano no es que tenga un hogar fijo, él es un alma libre y no suele tener un lugar de residencia durante mucho tiempo. Tía Lui sí, ese es su hogar y ella pasa allí más tiempo, pero estos días vivirá en mi casa para no intervenir en la formación que te falta con tu último mentor. —Y mientras caminábamos me miró sonriendo.

—Ah, bien, ¿y me puedes decir quién es? ¿Con quién voy a estar estos días? Tía Lui no me lo quiso decir.

—Seré yo.

—¿Cómo? —No podía creer que fuese Rosa quien mi hermano Ángel me hubiera mandado para acabar la transformación de mi vida. Rosa, la mujer de mi vida, a la que tanto daño hice, era una de las mujeres del equipo de Ángel y de Tía Lui. Él me había hablado de Rosa como compañera de Tía Lui, pero nunca como miembro de su empresa o incluso su socia. Por eso siempre intentó evitar la conversación cuando yo preguntaba por ella, por eso nunca quiso hablarme de la actual Rosa y solo me contó su niñez… tenía tantas preguntas—. ¿De verdad serás tú, Rosa?

—Seré yo, si tú me lo permites, a cambio, dejaré de ser tu pareja durante todo este tiempo, solo seré uno más de tus mentores, y según me ha dicho tu hermano, el último… por ahora. ¿Estás de acuerdo?

—¿Mi pareja? Pues claro, haría lo que fuera por tenerte cerca, te había perdido, Rosa, pensé que jamás volvería a verte, que nunca me perdonarías lo que te hice, no sé qué te habrán contado, pero me gustaría poder explicártelo todo.

—Mejor deja que yo te cuente, quizás de esa forma puedas unir algunos puntos y podamos continuar con el trabajo que has venido a hacer conmigo.

Me quedé mudo, no sabía qué decir, y fue ahí, en el transcurso del viaje de regreso a casa, donde descubrí gran parte de los últimos sucesos y los secretos que Rosa dejó en España cuando decidió compartir su vida conmigo.

***

"Dentro de veinte años estarás más decepcionado por las cosas que no hiciste que por las que hiciste.
Así que suelta las amarras.
Atrapa los vientos alisios en tus velas.
Explora. Sueña. Descubre".
Mark Twain

La historia detrás de la historia, preguntas y respuestas...

—Cuando te marchaste aquella mañana, el mundo se derrumbó a mi alrededor, sobre todo cuando vi que habías retirado aquella cantidad de dinero. No podía entender nada, pero al recibir tu llamada pidiéndome que huyera del país supe que tenía que ayudarte. Yo estaba junto a ti para eso, Toni, el destino nos unió para salvarte, ¿te das cuenta del momento en que Ángel apareció en tu vida? Jamás te hablé de él ni de Tía Lui porque sabía que algún día tú preguntarías por ellos, sabía que esto que te ha sucedido de una u otra forma tendría que llegar y yo había decidido que quería vivirlo contigo.

»Tras encontrarnos en aquel curso de transformación, me enamoré de ti, jamás pensé que llegaría a hacerlo, eres tan parecido a tu hermano y nunca me fijé en ti cuando éramos niños, pero aquel fin de semana todo fue muy distinto. Nos unimos tanto, fue todo tan impactante, tantas emociones compartidas... y tú fuiste tan auténtico...

»A mi regreso a España, Ángel y Tía Lui hicieron algo que antes nunca habían hecho, me recogieron en el aeropuerto. Hacía tiempo que no sabían de ti, y yo hacía años que había perdido cualquier recuerdo tuyo. Siempre decidiste hacer tu vida lejos de tu familia y eso es algo que yo respetaba, jamás pregunté los motivos, hasta aquel día en que tuve que decirles que me había enamorado.

»Fueron tantas coincidencias las que me decían que debía estar junto a ti que decidí abrir mi corazón, sin oír nada de tu familia, sin temor al arrepentimiento, sin miedo a fallar... Por eso cuando aterricé en España la decisión estaba tomada, mucho antes de que Tía Lui y Ángel me pidieran que volviera junto a ti.

»Mi entrada para aquel curso era la de tu hermano, él

decidió regalármela en el último momento cuando vio que no podía ir, en aquel evento había más de diez mil personas y tuvimos que encontrarnos en un grupo de treinta miembros elegidos al azar. Sabía que el destino no hace estas cosas por accidente y cuando hablé con tu familia confirmaron mi intuición.

»Hacía tiempo que no sabían de ti, te habían perdido la pista, y cuando me contaron tu historia comprendí por qué no hablaste nada sobre ellos ni me preguntaste durante el fin de semana.

»Tomamos la decisión de no hablar nada relacionado con tu familia a no ser que tú así lo quisieras. Lo importante era que yo estuviese a tu lado, ayudándote a alcanzar las propuestas que de manera tan especial te habías planteado y habías compartido conmigo en el curso.

»Ahí empezó todo, Toni, descubriste cuánto había en ti que te estaba perjudicando y decidiste cambiarlo. Yo solo tenía que acompañarte, y cuando fueras averiguando qué te llevó a alejarte de tu familia y te dieras cuenta de que fuiste tú y solo tú quien tomó la decisión, entonces las respuestas a tus preguntas no tardarían en llegar.

»Pero todo se precipitó gracias a ellos, gracias a tu error.

»En el tiempo que vivimos juntos en Nueva York, yo dejé gran parte del trabajo que desarrollaba con Tía Lui y con tu hermano, pero no perdí el contacto, ya que aún gestionaba ciertos aspectos de la organización. Mi viaje a España, aquella semana en la que descubriste el mundo de las apuestas, no fue para visitar a la familia como te dije, sino para cerrar un acuerdo de colaboración que hacía meses que veníamos tramitando.

»Tras tu llamada aconsejándome que me marchara de Estados Unidos, volví a España como me pediste, y desde aquí, junto a tu familia, preparamos "tu última oportunidad", como así la llamamos.

»Gracias a algunos compañeros de trabajo conseguí localizar a tu amigo, aquel que te acompañó a la casa de apuestas, y me contó lo que podía haberte sucedido, ya que él sí conocía cómo se las gastaban esos tipos.

»Tras unos meses de investigación, Ángel se convirtió en Toni, y fue pagando deudas y cerrando puertas que tú fuiste dejando abiertas. Fue así, acompañado de Tía Lui en la mayoría de las ocasiones, como tu nombre quedó limpio en España y Europa.

»Nadie dudaba que fueras tú en persona, quien, sorprendentemente, apareciera dispuesto a saldar cuentas.

»Tampoco en la casa de apuestas dudaron al verme, ellos me conocían, nos habían investigado, al igual que nosotros a ellos, así que sabíamos cómo actuar.

»Comencé yendo yo sola, les conté lo que habías hecho, lo mucho que te amaba y les prometí que, si me daban tu dirección, yo iría a buscarte y juntos les entregaríamos el dinero pendiente, saldando así tu deuda.

»Tardaron menos de una semana en localizarte y entregarme tu dirección. Entonces, cuando comprobamos que era cierto donde vivías y estabas trabajando, volví a citarme con ellos, pero esta vez ya no iría sola.

»Me acompañabas tú, Ángel realmente, y un matón contratado para asegurarnos de que todo sucediera como debía, Robert... Adivina quién llevaba más miedo de los tres...

»Por suerte todo fue muy rápido, para estos tipos el dinero es lo más importante, y una vez tenían lo que querían no hicieron más preguntas ni plantearon mayores dificultades, simplemente te animaron a que volvieras por su local cuando desearas... Pero nosotros teníamos otros planes. Ángel y Robert viajarían a Los Ángeles a buscarte y yo te esperaría en España junto a Tía Lui, el resto de la historia ya la conoces, comienza cuando Ángel llamó a tu puerta aquel día en que decidiste salirte de la partida.

CAPÍTULO 14

Yo soy éxito y alcanzo lo que me propongo...

"Los pensamientos que elegimos tener son las herramientas que usamos para pintar el lienzo de nuestras vidas".

Louise Hay

"Salirme de la partida", con esta expresión comprendí que Rosa podría estar mucho más allá de la mujer que había conocido en Nueva York, me sonó tanto a las expresiones de Ángel y Tía Lui que empecé a dudar de si realmente ella había mostrado todo lo que era estando a mi lado.

Tras su relato no me quedó más que darle las gracias por todo lo que había hecho por mí. Comprendí entonces cada uno de los detalles que aún me faltaban por cerrar de esta, mi propia vida, que por suerte, durante un tiempo, había dejado de controlar yo.

Aquella primera noche la pasé en casa, la casa de mis padres, mi casa, donde viví toda mi infancia, donde guardaba los recuerdos más hermosos y a la vez más tristes de mi vida.

Volví a recorrer cada uno de los rincones de aquel, aún mi hogar, y descubrí cómo mi hermano había cuidado hasta el más mínimo detalle para que el tiempo se detuviera en ella, como si al abrir la puerta de alguno de los cuartos pudiera volver a encontrarme con él o con mis padres, todo estaba igual que aquel día en que marché, igual que aquellos días en que reí o aquellos en que lloré... Aquella noche de mi regreso también lo hice, reí, lloré y, por supuesto, volví a leer la carta, su carta...

***

A la mañana siguiente salí a caminar con el amanecer, la mayoría de los edificios y construcciones que fui descubriendo no estaban o habían cambiado, pero sabía que había algo que aún permanecería en el mismo sitio donde la dejé, todo a su alrededor podría haber cambiado, pero ella seguiría estando allí, la cala, la playa en la que tantas horas disfruté, aquella que me vio crecer...

Caminé descalzo por la arena y recordé la última playa que pisé allá en Malibú, aquí las olas no me permitirían hacer surf, pero sí me darían la posibilidad de volver a mi esencia, a disfrutar de todo lo que allí descubrí y lo que Wakanda me confirmó: que mi alma encontraría la paz en el mar. Tras recorrerme la cala de punta a punta me senté en la arena, cerré los ojos y comencé a sentir... Por primera vez tuve la sensación de estar meditando, algo que jamás había hecho, algo que nunca pensé hacer, me llegó por pura inspiración y al susurro de las olas, al contacto de la arena y el fresco olor del mar, cerré los ojos y me dejé ir. Dejé que las sensaciones de mi cuerpo fueran lo único importante en ese momento y descubrí que junto al sonido del mar había otros de gaviotas, de motores de pequeños barcos que comenzaban a zarpar, que la brisa fresca del mar llenaba mi rostro y cada uno de los poros de mi piel de la sal y el aroma de sus olas, mientras los primeros rayos del sol comenzaban a calentar mi piel y la arena sobre la que descansaba, que aún guardaba el frescura de la noche...

De pronto la sensación de que alguien me acompañaba me hizo abrir los ojos, mirar al lado, y descubrí que junto a mí estaba ella, la mujer más hermosa que pude haberme encontrado. La sirena más bella que el mar pudo entregarme había aparecido a mi lado aquella primera mañana de mi regreso a casa.

—Rosa, ¿qué haces aquí?

—¿Qué haces tú? Esta playa es más mía que tuya, yo jamás me marché y le di la espalda —me afirmó en tono irónico y sonriendo.

También sonreí afirmando su respuesta, y le pregunté cómo pudo encontrarme, aún no eran las ocho de la mañana.

—Robert me dijo que te levantarías muy pronto y Tía Lui que si no te encontraba te buscara junto al mar, así que, al no contestarme en la casa, directamente me vine hacia aquí. ¿Haces meditación?

—No, bueno ahora estaba haciendo algo de lo que Robert me enseñó, pero jamás lo había intentado antes.

—Y, ¿qué te ha parecido?

—Genial, me ha encantado, creo que he estado poco tiempo, pero solo el hecho de poder prestar atención a mis sentidos, como me dijo Robert, ha sido fantástico, lo repetiré.

—El poder de la meditación es mucho mayor de lo que pensamos. El hecho de dejar que tu mente por un tiempo deje de hablarte, es algo que muchas personas jamás han probado y los beneficios de esta calma, de esta paz interior, son enormes. No estaría mal que lo fueras incluyendo en la rutina que ya veo has asimilado en este tiempo, tal y como te pidió Robert.

—Sí y me encanta, levantarme antes incluso de que salga el sol, realizar alguna actividad física, leer, escribir, me encanta mi nueva vida, Rosa. —Acerqué entonces mi mano a la suya, pero ella la apartó y se levantó ágilmente.

—Pues genial, creo que no habrás desayunado, ¿no es así?

—Solo he tomado un café.

—Y ¿has fumado? Robert me dijo que lo estabas dejando.

—Viniendo hacia aquí he fumado uno y anoche tuve que fumar otro, pero fíjate, este paquete lo compré en Estados Unidos. —Y le mostré el paquete con el que llevaba casi una semana y que ya estaba a punto de agotar.

—¿Crees que tendrás que comprar alguno aquí en España?

—A no ser que decida dejarlo definitivamente...

—¿Te lo has planteado?

—Sí, cada vez que enciendo uno, pero Robert me dijo que no me plantease el dejarlo de momento.

—Claro, ni él ni yo te diremos que hagas nada que no quieras hacer, todo depende de ti.

Y con esa frase, que tanto me recordó a Tía Lui, supe que aquel sería el último paquete de tabaco que llevaría en mi bolsillo.

***

Desayunamos en uno de los nuevos bares que habían construido en el paseo marítimo, que no se parecía en nada a aquel por el que yo paseaba en bici hacía ya treinta años.

—Si te parece, este será nuestro punto de encuentro cada mañana, almorzaremos y cenaremos aquí la mayoría de las veces, a Robert le encanta y sabes lo especial que es él para la comida.

—Sí, a mí me encanta su estilo de alimentación, poco a poco he ido comiendo cada vez más sano y ahora soy incapaz de comer de la forma que lo hacía antes, no solo en cuanto a cantidad, sino al tipo de alimentos.

—Pues aquí encontrarás lo que buscas, comida sana y con gran variedad. En estos días llevaremos una rutina muy similar, nos veremos por la mañana, trabajaremos algo y quizás hagamos alguna visita hasta la hora del almuerzo aproximadamente, luego y ya hasta la mañana siguiente tendrás tiempo para tu trabajo y reflexión.

—¿Veré a Ángel o a Tía Lui en estos días?

—En principio no, nos gustaría que continuases con tu proceso como lo vienes haciendo, y pronto te podrás reunir o incluso vivir con ellos. Lo estamos deseando, Toni, pero aún tienes cosas por hacer. Por ejemplo, ¿has utilizado alguna vez afirmaciones?

—¿Afirmaciones? — Era una palabra que conocía, pero no podía comprender a qué se refería Rosa—. No, no sé cómo pueden usarse.

—Recientes estudios relacionados con el cerebro demuestran que la neuroplasticidad del mismo puede llevarte a una nueva programación mental, a crear nuevas conexiones neuronales que te permitan crear estados de felicidad y éxito aun sin haberlos alcanzados realmente. Y lo más sorprendente es que, al igual que la realidad crea estructuras neuronales, las estructuras neuronales pueden llevarte a esa realidad, esto ya lo definió Brian Tracy como la Ley de la Impresión, mucho antes que la neurociencia lo confirmara.

»Esta ley dice que todo lo que se vive con emoción crea una impresión en nuestro cerebro que se guarda para siempre, pero que del mismo modo todo lo que se imprime en la mente y se graba con la emoción y el sentimiento de realidad, finalmente se acaba materializando en nuestras vidas. Sí, sé que te resultará extraño y te costará creerlo, a mí también me costó la primera vez que tu hermano me lo enseñó, pero desde entonces no he parado de probarlo, y ni te imaginas lo que he conseguido primero en mi mente, mucho antes de que lo tuviera delante de mis ojos. Y para ello utilizaremos las AFIRMACIONES POSITIVAS.

"Las afirmaciones abren puertas. Son puntos de partida en el camino hacia el cambio".

Louise L. Hay

»Estas afirmaciones te ayudarán a reforzar tu programación mental y desde hoy serán la base de todo lo que te propongas, porque tienen el poder de llenarte de energía positiva, de convicción y de aquello que necesites en cada momento si así lo deseas.

»No son más que frases cortas, pero con mucha fuerza, que generan en ti un sentimiento o una actitud positiva hacia aquello que deseas.

»Hay una que debes grabar en tu mente desde hoy mismo y repetirte constantemente:

"Yo soy éxito y alcanzo lo que me propongo".

»Esta frase la tenemos grabada en nuestra mente cada miembro del equipo de Ángel y fue idea de Tía Lui cuando hace unos años comenzamos a trabajar las afirmaciones de forma más sistematizada en nuestras formaciones. Me la repito cada mañana antes de salir de casa y cada noche mirándome al espejo antes de ir a la cama. —Entonces Rosa sacó de su pequeño bolso una tarjeta con esta frase grabada y me la entregó.

»Esta será la primera de muchas, desde hoy conocerás el poder de las afirmaciones y estas te harán despegar hacia el éxito, ya verás.

—¿Pero en qué consiste?

—Son frases breves que te empoderan, te ayudan a crear la realidad que deseas en tu mente, ya que se graban en tu subconsciente y pueden estar relacionadas directamente con tus metas o con estados emocionales. Fíjate en estos dos ejemplos, son algunas mías que uso habitualmente:

"Soy una mujer entusiasta, segura de mí misma".

"Disfruto del éxito de mi proyecto empresarial".

»Como ves son dos afirmaciones breves y cada una se enfoca en cosas distintas, una va dirigida a lo laboral y al mundo de mis metas profesionales y la otra a lo psicológico y emocional. Muy distintas, pero ambas cumplen una serie de características comunes, quizás al conocerlas tengas mucho más claro de qué te hablo.

»Para que tus afirmaciones sean idóneas y efectivas deben comenzar con un "Yo soy", de este modo comienzas enfocándote en ti y de una forma contundente, sin dejar lugar a dudas. Estás manifestando a tu subconsciente y al universo que ya lo eres, que lo acepte como tal, por lo que, si aún no lo es, deberá serlo, porque así lo sientes y lo has decidido. Hay un dicho inglés que dice: "actúa como si fueras, hasta que ya no tengas que fingirlo", y sucede, solo tienes que decidirlo.

»También debes redactarlas en tiempo presente y de forma positiva, no valen afirmaciones del tipo: "Encontraré un trabajo que…" o "No volveré a fumar". Lo correcto en ambos casos sería: "Disfruto de un trabajo que…" y "Soy una persona saludable, de hábitos sanos". De este modo, afirmas en tiempo presente y en positivo, dando por hecho que ya tienes el trabajo que deseas. Por otro lado, también hemos anulado el concepto negativo de fumar, ya que el subconsciente no entiende si fumar es positivo o negativo, si has puesto un sí o un no delante de él, simplemente reconoce el concepto y lo permite, así que cuida las palabras que usas en tus afirmaciones porque, si no, puedes estar reforzando aquello que no quieres.

»Por supuesto, siempre serán afirmaciones personales, tuyas, ya que de nada valdría enunciar algo para otra persona, entre otras cosas porque, aunque a ti te lo parezca, quizás esa persona no esté necesitando aquello que tú pides para él o para ella. Comprenderás esto con lo que me pasó con uno de nuestros clientes. Él quería pasar de tener un pequeño chalet en la playa a adquirir un gran yate que le permitiera navegar y viajar con su familia durante el verano, pero el precio de este triplicaba la cantidad que le daban por su chalet a pie de playa, y vino a nosotros para trabajar la toma de decisión. ¿Y sabes qué hizo finalmente? Ni compró ni vendió, simplemente se redujo la jornada de trabajo, organizó su semana laboral y sacó tiempo para disfrutar en familia, ¡era eso lo que realmente necesitaba! Tiempo para estar con sus hijos y su esposa, pero su mente le llevó a creer que un barco le ofrecería lo que buscaba, cuando no era más que tiempo junto a sus seres queridos lo que su alma le pedía.

»Además, para tus afirmaciones es importante que procures que sean enunciados breves y concretos, ni muy extensos ni difusos. Por ejemplo, no vale un enunciado de más de veinte palabras ni otro del tipo: "Estoy en mi peso ideal". ¿Ideal para quién? ¿Te das cuenta? Es mucho mejor decir: "Yo soy feliz con mi peso de 62 kilos".

»Y ya, por último, si eres capaz de añadir situaciones y emociones positivas que disfrutarás siendo, haciendo o teniendo lo que te propones, tus afirmaciones te catapultarán hacia lo más alto a una velocidad trepidante.

»Para ello elige palabras como: éxito, victoria, feliz, alegre, celebración, orgullo, tranquilidad, entusiasmo, seguridad, triunfo, serenidad... Fíjate, no es lo mismo afirmar, "Soy un gran director ejecutivo", que "Disfruto cada día en mi trabajo y celebro mis excelentes éxitos como director ejecutivo". ¿Ves? En esta última afirmación hay acción, emoción, dinamismo, y eso le encanta a tu subconsciente...

»Este será tu trabajo para esta tarde, pero no será el único... Voy a llevarte a un lugar que seguro que conoces, también ha cambiado mucho, pero hay una parte que te va a encantar.

Y así caminamos hacia las afueras del pueblo mientras Rosa me fue hablando de sus afirmaciones y de cómo las había ido modificando a lo largo de su vida, a mí todas me parecieron maravillosas, como ella.

Llegamos al instituto donde ambos habíamos estudiado, o al menos, habíamos ido a clase, porque ninguno de los dos llegamos a titular en él...

—¡Guau! ¡Cuántos recuerdos! —grité emocionado—. Está igual que lo dejé. —Prácticamente era el mismo edificio, con los mismos colores, las mismas ventanas, no habían modificado nada del antiguo edificio por el que paseaba hacía treinta años.

—Ven, sigamos, no es el instituto lo que quería que vieras. ¿Te acuerdas del edificio abandonado?

—Sí, claro, ¿qué hicieron allí?

—Ahora lo verás.

Continuamos andando hacia la parte de atrás, donde estaba el esqueleto de aquel edificio abandonado a medio construir. Yo comencé a recordar en voz alta…

—Era el lugar de reuniones de "los más estudiosos del instituto", de los que alardeábamos por disfrutar de más libertad mientras nos hacíamos prisioneros de las drogas. Allí nos reuníamos los que decidíamos no regresar a clase por unas horas, o los que, como tú y yo, ya habíamos optado por no volver a escuchar el sermón de los profesores. También había algo más que nos unía, lo descubrí con el tiempo, todos los que pasábamos muchas horas en aquel edificio, todos, teníamos heridas en nuestro corazón. Heridas de nuestra infancia, de nuestra adolescencia…, heridas que nadie nos supo curar y que fuimos cerrando con odio, rencor y miedo… Yo reconocí la mía al paso de los años, al igual que hiciste tú, pero sabes que muchos otros quedaron marcados para siempre y perdieron su vida agarrándose a las drogas… Quién me iba a decir entonces que acabaría enamorándome perdidamente de ti.

Rosa me miró sonriendo y me contó una de las más bellas historias que me han contado jamás…

—Cuenta una leyenda japonesa que todos tenemos un hilo rojo atado en nuestro dedo meñique. Que, al caer la noche, el abuelo de la Luna se encarga de atar una suave hebra en el dedo meñique de cada recién nacido. Utiliza este dedo porque una de sus venas va directa al corazón, y el hilo no es más que la continuidad de esta.

»El otro extremo será atado a la persona elegida para convertirse en el amor de su vida, su alma gemela, y ya nada ni nadie podrá soltar ni romper jamás ese hilo.

»Hay corazones que nunca llegan a encontrarse y se unen a otros que no les corresponden, con el que no comparten hilo rojo, y pasan su vida junto a la persona equivocada, pero en otras muchas ocasiones los elegidos acaban reuniéndose, y entonces ni la distancia ni el tiempo lograrán separar a esos amantes. El hilo rojo les unirá para siempre, corazón con corazón.

»El día que te volví a encontrar supe que tenías el otro extremo de mi hilo en tu meñique, y que sería difícil que nos separáramos. No me equivoqué.

Me emocionó tanto esta historia que me detuve, agarré su mano y, emocionado, con los ojos llenos de lágrimas, me acerqué a besarla. Ella sonrió, y apartando su cara para mirar sobre mi hombro, señaló al edificio que tenía a mi espalda.

—¡Mira!

Giré y quedé aún más paralizado, allí donde estaba el edificio, ese trozo de suelo abandonado con una estructura de hormigón y paredes de ladrillos a medio terminar, habían construido una hermosa avenida y un edificio de cristales al más puro estilo neoyorkino. Solo en su parte baja los cristales se trasformaban en escaparates y diferentes entradas a muy diversos comercios, pero en la esquina más próxima a nosotros había algo que me dejó helado, un gran dibujo de unos tres metros de alto por seis de largo adornaba esa parte de la fachada. Uno de los grafitis que el joven Toni a los quince años pintó en esas paredes seguía estando allí. Lo reconocí rápidamente porque fue uno de los más significativos que pinté en aquel edificio que durante meses fue mi gran lienzo. Además, muy probablemente fuese el último gran dibujo que hiciera. Un gran corazón roto dividido en dos mostraba a cada lado las dos realidades que lo habían partido, a la derecha el mar y la naturaleza salvaje de nuestra cala mucho antes de la llegada del hombre, y a la izquierda los altos edificios y las calles transitadas, llenas de coches y humo de la gran ciudad… Las dos realidades de mi vida poco antes de marchar, la elección de Toni y Ángel que nadie pudo entender en aquel momento. Años después, ahí seguí con la misma fuerza de entonces, con el mismo colorido y la sensación de que realmente, junto al corazón, se había roto la pared. Y allí, en un lateral, la firma del autor, la que usaba en aquel momento, un simple "Toni P." subrayado. No podía entenderlo.

—Pero, ¿cómo puede ser? Está igual, pero en otro lugar.

—Sí, se ha convertido en un símbolo del edificio, muy pocos recordamos que fuiste tú quien lo pintó, pero quienes compraron el edificio decidieron respetar este dibujo porque para muchos era una obra de arte, dicen que el arquitecto se enamoró de él y fue quien lo defendió durante toda la remodelación. En aquel momento, para todos era mucho más que un grafiti, por lo que prácticamente acabaron la obra sin tocarlo. Tiene mucha simbología y relación con nuestro pueblo, incluso con el edificio al que muchos criticaron por el estilo modernista que le habían dado.

»Finalmente, poco antes de terminar e inaugurar el edificio, arreglaron la pared, y cuando todos pensábamos que habían decidido quitarlo para siempre, un grupo de grafiteros profesionales calcaron tu dibujo tal cual lo ves, y así se ha mantenido desde entonces.

»Estaba deseando enseñártelo porque sabía que no podrías creértelo hasta que lo vieras.

—Pues no, no podía imaginarme que un grafiti de los años noventa aguantara el paso del tiempo y mucho menos siendo mío.

—Es una obra de arte, Toni. Sabes que todos te felicitamos por él cuando lo hiciste y que muchos venían a verlo, recuerdo haber visto a varios profesores mirándolo una mañana, ya cuando tú estabas en Madrid.

—Me alegro de que les gustara, lo pinté en uno de los momentos más duros de mi vida, quizás por eso tiene tanta fuerza, se mezclaban tantas emociones en mí, hay tanta simbología...

***

Marchamos de aquel rincón de Sitges que guardaba mi corazón de quince años y caminamos hasta llegar a uno de los restaurantes que Lluis, uno de nuestros amigos de la infancia, gestionaba, al parecer, desde hacía muchos años. Se convirtió en un gran cocinero gracias a la ayuda de Tía Lui y de Rosa, entre otros.

—Te voy a llevar a Casa de Lluis, el sueño hecho realidad de tu viejo amigo.

—No me lo puedo creer, Lluis, ¿aquel pobre diablo que jugaba con mi hermano al fútbol siempre justo después de haber fumado con nosotros?

—Sí, el mismo.

—Qué bien. Tenía un gran corazón... y un padre borracho, lo recuerdo perfectamente cómo hablaba de su madre cuando yo ya había perdido a la mía. Él la amaba, pero su padre le destrozó la vida. Cuánto me alegro por él.

—Sí, es un tipo genial, no te imaginas en lo que se ha convertido, es un referente en Sitges. Uno de los mayores orgullos para nosotros. Actualmente, donde recibimos a los jóvenes y a sus familias tenemos fotos de algunos de estos chicos ya convertidos en adultos, con ciertas carreras profesionales, y por supuesto él es uno de ellos.

—Qué fantástica labor hacéis.

—Vas a ver lo que es un sueño hecho realidad.

***

Y descubrí allí, gracias a uno de los amigos de la infancia, cómo los sueños se pueden hacer realidad por muy difíciles que parezcan, por muy lejos que a veces se muestren, no es más que comenzar, comenzar con un fin en mente.

"Comenzar con un fin en mente hace posible que nuestra vida tenga razón de ser"

S. Covey

El restaurante de Lluis era un local coqueto, no muy grande, pero acogedor y adornado con gusto. Simulaba el interior de una masía con techos abovedados, paredes empedradas y vigas de madera, un lugar que invitaba a compartir, a dialogar frente a una buena comida. Así lo hicimos Rosa, Lluis y yo. Por más de una hora y antes de que comenzaran a ocuparse las mesas reservadas del salón, estuvimos recordando viejos tiempos, contando batallas de juventud y, sobre todo, a petición de Rosa, mi amigo nos fue narrando cómo había llegado a regentar aquel negocio, cómo había alcanzado el éxito empresarial comenzando de la nada, solo y exclusivamente con un sueño en mente.

De toda nuestra conversación, me encantó cómo describió la compra de aquel local...

—Fue pura cabezonería, Toni, nuestro local era justo el de enfrente, un poco más grande, pero muy frío, con una distribución muy distinta a este, techos bajos, cocina mal ubicada... Siempre estuve enamorado de La masía, como sabes que todos llamábamos a esta casa. Fue una panadería durante muchos años, pero después estuvo cerrada bastante tiempo y puesta en venta, pero a un precio desorbitado. Yo, cada mañana al abrir y cada noche al cerrar el restaurante, miraba su fachada y veía lo que ves tú ahora, "Casa de Lluis", en grande, con una puerta antigua como la original, aquella a la que tantas veces llamamos de pequeños para luego correr calle abajo. Visualizaba tal y como me enseñó Tía Lui y Rosita, y me veía reformándola, cocinando, mostrándoles a todos nuestro nuevo local... Estuve mucho tiempo así, trabajando en el número doce de la calle, pero soñando que lo hacía en el número trece, en La Masía. Hasta que un día un responsable del banco vino a consultarme si aún estaba interesado en la vivienda, ya que las condiciones habían variado bastante, supe entonces que iba a dejar de imaginar... Y ya ves si se hizo realidad.

—Un gran tipo Lluis, ¿no te parece, Toni? —Rosa me

preguntó cuando salimos dirección a mi casa.

—Sí, qué valiente, comenzar siendo un simple aprendiz y llegar a donde ha llegado.

—Me encanta la forma en que llegó a comprar La masía, ¿recuerdas lo que nos ha contado? —Rosa coincidía conmigo en esto.

—Sí, claro, ha sido lo que más me ha llamado la atención, el poder de la visualización, Ángel y Robert me hablaron de ella.

—¡Me encanta! Es lo último que veremos hoy, y una de las acciones que más te ayudarán a hacer realidad todo lo que te propongas.

»Como ya viste, visualizar tus metas no es más que crear en tu mente la realidad deseada y vivirla como algo que ya hubiera sucedido en el plano físico. Puedes verte viviendo en la casa que deseas, disfrutando del trabajo que siempre quisiste tener, o de la mano de la pareja ideal que tanto has soñado.

"La razón por la cual la visualización tiene tanto poder es porque crea fotos en tu mente donde te ves a ti mismo tendiendo todo lo que quieres. Estás generando pensamientos y sentimientos de que lo tienes en el momento presente".

Rhonda Byrne

»El poder de la visualización es muy poderoso, desde hace muchos años se utiliza en el deporte de élite y hoy en día, gracias a los avances de la neurociencia, se ha podido comprobar cómo nuestro cerebro actúa igual y activa las mismas zonas cuando la experiencia es real que cuando es imaginada.

»¿Comprendes la fuerza de este descubrimiento? Esto

quiere decir que, tanto si lo has vivido como si no, tu cerebro va a actuar y asimilar la experiencia como si fuese algo real.

»Además, hay otro elemento muy importante, una zona de nuestro cerebro, el **SAR**, creo que ya Tía Lui te habló de esto, pero en otro sentido, a ella le encanta esta comparación. Para ella este acrónimo tiene otro significado: SITUACIÓN-ACCIÓN-RESULTADO, pero hoy lo vas a descubrir como **Sistema de Activación Reticular**, y esto no es más que el lugar del cerebro que te ayuda a localizar aquello a lo que tú estás prestando atención, y te va a permitir analizarlo de forma consciente, principalmente para "mantenerte con vida". Sí, así de simple y contundente es la función del SAR, busca aquello que se muestra a tu alrededor que te va a aportar lo que necesitas, lo que has estado pensando, buscando, y te lo muestra conscientemente. Nuestro cerebro recibe una infinidad de información de manera inconsciente, si no fuese por la selección que se realiza desde el SAR, probablemente aquello que estemos buscando quedaría oculto tras otros estímulos y no lo percibiríamos.

»¿Te has planteado alguna vez hacer la compra de un objeto en concreto, un móvil, un coche, una moto…, y tras esto no has parado de verlo por todas partes? Las embarazadas, por ejemplo, descubren la función del SAR muy rápidamente, para ellas hay un antes y un después de saber que van a ser madres, desde ese momento se muestra ante ellas una infinidad de información, de manera repetida además, que antes no se les mostraba. Y ¡sí!, estaban ahí, en la misma forma, en la misma cantidad de veces aparecían ante ellas, solo que como su cerebro no estaba buscando nada de eso dejaba pasar la información y se centraba en lo que ellas, en ese momento de su vida, sí estaban buscando o les era más relevante.

»Pues ahora vamos a trabajar con nuestro cerebro para que nos traiga al consciente aquello que deseamos, vamos a mostrar las imágenes conscientemente para que nuestro SAR, ya de manera automática y subconsciente, nos muestre aquello que necesitamos para hacer realidad lo que le hemos pedido. ¿Te lo crees?

—Sí, creo que sí, quieres decir que, gracias a la visualización de aquello que deseo, mi cerebro va a buscar más cosas relacionadas con eso y me ayudará a conseguir que finalmente se haga realidad.

—¡Eso! Estupendo, así es, y créeme, esto no es ciencia ficción, es neurociencia. Ni te imaginas los estudios que se están haciendo alrededor de esta posibilidad de crear tu propia realidad, algunos relacionados con enfermedades mentales, otros con fobias o traumas del pasado, y en todos los casos los resultados son espectaculares.

»Piensa que nuestro SAR, el de cualquier ser humano, decide mostrar de forma consciente aquello que vive y ha vivido, quiere decir sus creencias y sus expectativas, y ÉL no distingue si estas son buenas o malas, si te ayudan a vivir mejor o a hundirte en la más profunda de las depresiones. Simplemente recuerda, "te ayuda a sobrevivir", y lo hace mostrándote aquello que tú le pides. Si vives en la queja, la escasez y la desgracia para permitirte vivir en tu zona cómoda, te seguirá mostrando aquellas cosas relacionadas con la queja, la escasez y la desgracia, no es más, es así de simple, ¿qué tendrías que hacer para romper con esto?

—Pues hablar, pensar y relacionarme desde todo lo contrario, abundancia, alegría, logros, éxito.

—¡Así es, Toni! Muy bien. Por eso Robert te hizo vivir de

manera tan lujosa, y divertida; por eso Tía Lui te llevó a descubrir la grandeza de tu interior, y por eso aquí, en casa, vamos a intentar que lo asimiles todo y crees alrededor de ti la vida que siempre has deseado, la vida que siempre estuvo a tu disposición.

»Cada día coge tus metas, tus afirmaciones, y visualízate como si ya lo hubieras conseguido, como si aquello que has escrito ahí ya fuese tu realidad. Recuerda siempre añadir emociones, sensaciones, olores, sonidos, diálogos, cuanto más real, más fuerza le darás a tu subconsciente, más creerá tu cerebro que eso ha sido una realidad. Y este conflicto, que de manera consciente has creado, te ayudará a encontrar situaciones que te lleven a ese resultado, atraerá hacia ti aquello que estás buscando, te mostrará aquello que deseas y que probablemente siempre estuvo ahí. Es así, Toni, así lo vivo yo y así lo viven tus seres más queridos…

»¿Te atreves a probarlo? Solo tendrás que visualizarlo una o dos veces al día y, tras esto, continúa con tu vida, no es más, no necesitas repetirlo más veces. Como te he dicho, en el trabajo mental lo mejor es no forzar, dejar ir, y todo se irá orquestando para mostrarse en tu realidad en el momento justo y de la manera que deba hacerlo, tú preocúpate del qué, el cómo déjalo en manos de Dios…

—Así lo haré, comenzaré a hacerlo esta noche con mis metas y continuaré mañana al levantarme con las afirmaciones que elabore.

—Genial, mañana me contarás, hoy tienes mucho trabajo.

—Sí, pero me encanta. —Rosa me miró sonriendo y seguimos caminando… yo seguí soñando.

Terminamos la tarde de camino a casa recorriendo las calles de aquel pueblo que me vio crecer, aquel pueblo del que decidí huir en mi adolescencia, pero que por suerte volvería a verme renacer y llegar a lo más alto, así lo había decidido y ya nada podría impedírmelo.

"La imaginación lo es todo.
Es una visión preliminar de lo que sucederá en tu vida"

Albert Einstein

Unos ejercicios para el éxito

"Todo lo que plantamos en nuestra mente subconsciente y nutrimos con la repetición y la emoción un día se convertirá en una realidad".

Earl Nightingale

El poder de las afirmaciones positivas...

¿Hay heridas de tu pasado que aún no has reconocido y no has cerrado? Pueden haberte creado creencias negativas, bajas expectativas. RÓMPELAS, CREA NUEVAS CREENCIAS.

Busca en tu interior, reflexiona sobre cuáles son las creencias que te limitan, que te frenan en la consecución de tu propósito de vida o de tu meta principal, y vamos a cambiarlas.

Defínelas por escrito, puedes ayudarte de un ser querido, de un familiar, tu pareja, alguien que te conozca y esté dispuesto a ayudarte desde tu versión más positiva. Decide que esto que has escrito, sea lo que sea lo que te limite, sea lo que sea tu creencia, es eso, TU CREENCIA, NO ES LA REALIDAD, NO ES LA REALIDAD, NO ES LA REALIDAD. Sí, tres veces seguidas, porque te hará falta leerlo muchas veces para saber que es así. Las creencias están tan arraigadas, se han grabado de tal forma en tu subconsciente, que llegas a pensar que son inevitables, que son algo inherentes a ti, que son y serán tu realidad por y para siempre, cuando ¡NO ES ASÍ! Tú, tu familia, tu entorno, llegaron a mostrártelas de tal forma que las hiciste tuyas, y has llegado a pensar que no eres inteligente, por ejemplo, pero, ¿por qué lo dices? ¿Por qué nunca te fue bien en el colegio? ¿Nunca se te dieron bien la lengua y las mates? El psicólogo Howard Gardner determinó que tenemos otras seis inteligencias más igual de importantes que la lingüística o la numérica, pero que por desgracia no se tratan en la escuela con la misma importancia… Actualmente se han determinado hasta doce tipos de inteligencias según determinados autores. Éxitos como los ya vistos de personas que jamás triunfaron en los estudios demuestran que no ser inteligente en el colegio no quiere decir que no lo seas.

Quizás tu creencia limitante sea que no tienes don de palabra, que no se te dan bien los idiomas, o el trabajo manual… ¿Has probado a entrenarlo, a trabajarlo, a comprometerte en el aprendizaje de esta habilidad como si de ella dependiese tu vida? Te aseguro que acabarás siendo un éxito en lo que te propongas el día en que decidas que no hay otra salida, el día en que quemes tus barcos y sepas que la única opción es ganar la batalla a aquello que aún no dominas…

Atrévete a crear nuevas creencias, distintas a las limitantes, serán TUS CREENCIAS EMPODERANTES, y en ellas basarás desde hoy tu realidad, serán la base de tus pensamientos, de tu diálogo interior, de tus acciones y de tus afirmaciones.

Por ejemplo: si tu creencia limitante fuese "Soy un desastre en la administración de mi dinero". Y como ya has visto, TÚ NO ERES ASÍ, son TUS CREENCIAS quienes hablan, porque nadie nace con esa característica de serie.

Simplemente tendrías que cambiar hábitos, aprender algunas estrategias y ponerlas en práctica para modificar la forma en que te relacionas con el dinero actualmente.

Podrías comenzar escribiendo y repitiéndote una afirmación como: **"Sé administrar mi dinero y gestiono mis presupuestos de forma excelente"**. Será esta tu nueva creencia, totalmente empoderante y llena de valor para ti. Añádele afirmaciones del tipo: "Yo soy una gran administradora de mis finanzas; gestiono bien mi dinero y me divierto gestionando mis partidas de gastos, ahorros e inversión", por ejemplo, que acompañada de acciones y de una conducta adecuada te hará cambiar tu creencia y mejorar tu economía espectacularmente.

Atrévete a hacerlo. Sean cuales sean tus creencias, localízalas y redáctalas en su versión positiva, añádeles afirmaciones que repetirás durante el día y lánzate a descubrir tu mejor versión.

"Da el primer paso con fe, no te preocupes si no puedes ver la escalera, solo da el primer paso".

M. Luther King

El poder de la visualización...

"Tienes que tomar conciencia de tus pensamientos, debes elegir tus pensamientos cuidadosamente y diviértete con ellos, porque eres la obra maestra de tu propia vida".

Joe Vitale

Es importante que para trabajar la visualización tengas definidas tus metas y tus afirmaciones, de esta forma podrás visualizar aquello que realmente quieres y has decidido alcanzar TÚ, tras conocerte e interiorizar tu realidad actual y futura.

Sería ideal que pudieras visualizar tus afirmaciones tres veces al día, a primera hora, a mediodía y antes de ir a la cama, de esta forma incluso en la noche tu subconsciente trabajará para hacerte llegar a lo que deseas.

Puedes leer en voz alta tu meta o afirmación y, tras esto, cerrar los ojos y verte ya en posesión de lo que has planteado, obsérvate como si ya fueses, hicieras o tuvieras lo que deseas. Qué sentirías, qué verías a tu alrededor, qué sonidos te llegan en ese instante, con quién estás compartiendo este momento, qué te dice... Cuanto más real hagas la escena más detalles darás a tu subconsciente, al universo, de qué es lo que quieres.

La visualización atrae por la fuerza de la ley de atracción aquello que necesitamos para hacer realidad nuestra meta, pero no solo eso, además puede ser una actividad divertida y relajante si así lo deseas.

Coloca una música tranquila, que te calme, siéntate o túmbate si crees que no vas a dormirte, y comienza a visualizar tu vida en cada uno de los campos más importantes tal y como sería en la forma ideal que siempre has deseado, ese estilo de vida que te convertiría en la persona más feliz del planeta, obsérvalo como una realidad ya cumplida, como algo que ya forma parte de ti...

Pronto descubrirás cómo comienzan a suceder cosas, te llegan propuestas, actúas de forma distinta, cuentan contigo para algo que nunca habían hecho... Todo comienza a cambiar a tu alrededor, solo porque TÚ cambiaste.

"Cuando cambias la forma de ver las cosas, las cosas que miras cambian"

Wayne Dyer

Muchas personas no creen que la visualización funcione en sus vidas ni en las de nadie, que los estudios realizados aún no tienen una base científica, y sinceramente, no sé si tienen o no razón, pero sí puedo afirmar que si tienes este libro en tus manos, si estás leyendo estas líneas, es porque mucho antes quien lo escribió para ti lo visualizó, creó en su mente una realidad, tan alejada para mí como para ti puede que esté tu meta o tu afirmación actual, y ya lo ves, hoy es una realidad. Créeme, si yo lo he logrado, tú también lo puedes lograr, solo date el permiso de soñar, de crear, y comienza…

Puedes comenzar por el aspecto económico en tu vida, ¿cuánto estás ganando? ¿Cuánto tienes ahorrado? ¿Cómo es tu casa? Descríbela lo más detalladamente que puedas exteriormente, ¿dónde está ubicada? ¿Cómo es? Si tiene jardín, si es un piso… ¿Cómo es su interior? Número de habitaciones, tipo de cocina, número de baños, ¿qué muebles tiene? ¿Ves algún cuadro que te llame la atención? ¿A qué huele tu casa?…

¿Tienes coche? ¿Cómo es? Igual, busca detalles, condúcelo por las calles, por la carretera que más te identifique, y siéntelo…

¿Y tu trabajo? ¿A qué te dedicas? Es tu negocio o trabajas para alguien, cuánto ganas, con quién te relacionas en él, siente la experiencia de vivir unos momentos en tu trabajo, disfrútala…

Y tu familia, ¿cómo es? ¿Quiénes son los que te acompañan, te quieren y están a tu lado apoyando y ayudándote en lo que te propones? Vive un momento feliz junto a ellos…

¿Y tus amigos? ¿Tu vida espiritual? ¿Tu tiempo libre?… Continúa con aquellos aspectos que quieras tratar en tu vida, cuanto más detallada mejor, más claro dejarás a Dios, al universo, a tu subconsciente, lo que quieres y cómo lo quieres, y ya sabes, tras esto tú solo limítate a continuar con tu vida con la seguridad de que llegará aquello que planteas, y que llegado el momento justo solo tendrás que actuar, tomar acción, porque ya sabes: TUS ACCIONES, ANTE DETERMINADAS SITUACIONES, CREARÁN TUS RESULTADOS… **SAR**.

ATRÉVETE A CREER, Napoleon Hill nos lo dijo allá por los años veinte del siglo pasado, hace ya casi un siglo. Desde entonces, millones de personas han alcanzado el éxito gracias a sus consejos…

ATRÉVETE A CREER, porque "cualquier cosa que la mente pueda concebir y creer será algo que la mente podrá lograr"…

CAPÍTULO 15

La acción planificada es el único de los caminos que lleva al éxito

*"Practica el dar amor,
es lo único en la vida que solo crece cuando lo das".*

Brian Tracy

Fue maravilloso poder recorrer de nuevo las calles de aquella pequeña ciudad en la que se estaba convirtiendo el pueblo que dejé hacía treinta años. Excepto el puerto marítimo y las casas que formaban el casco histórico, el resto estaba tan cambiado, que de no saber que estábamos allí no hubiera dicho que fuese aquel pueblo pesquero que me vio nacer.

Si lo comparaba con las grandes urbes en las que había estado viviendo en los últimos años, podría decir que mantenía todo el encanto de un pequeño pueblo, pero la realidad es que la población se había casi triplicado y las nuevas construcciones habían transformado todo el paisaje.

Pedí a Rosa que nos mantuviéramos por la zona que me era más familiar y desechamos la opción de movernos en vehículo hacia la parte nueva o hacia la capital, sentía la necesidad de volver a mi niñez, de disfrutar por las calles que tanto recorrí, y así lo hicimos esos días.

Aquella mañana terminamos el recorrido en la oficina de Rosa, donde solía trabajar; un maravilloso edificio de dos plantas, lleno de luz y energía positiva, como ella misma, no podía ser de otra forma.

—Aquí nos reunimos muchas veces tu hermano y Tía Lui, a ambos les encanta trabajar aquí, Tía Lui no tiene una sala de reuniones tan amplia en la sede de la organización y tu hermano simplemente no tiene y comparte conmigo el edificio. ¿Recuerdas qué era este edificio antes, Toni? Hace menos de diez años que nos mudamos aquí, hasta entonces estuvo igual que tú lo dejaste.

—No, no recuerdo, esta zona no la conocía muy bien.

—Aquí estaba el hostal de mi tía, donde viví parte de mi juventud.

—¡Verdad! No me acordaba, cómo ha cambiado.

—Sí, prometí a mi tía que, si ninguno de sus hijos quería mantener el negocio, al menos yo sí continuaría con la tradición de mujeres empresarias de la familia y me trasladaría aquí en cuanto pudiera, y así lo hice. Ángel me ayudó mucho. En la sala taller de la segunda planta hemos dado muchas charlas y hemos formado también a muchos jóvenes de la casa de Tía Lui.

—Me encanta, no podías trabajar en un edificio más parecido a ti y tu forma de ser.

—Claro, recuerda, todo es vibración y energía, y en los espacios también influye. Pero también te diré que llegar hasta aquí no ha sido fácil. Antes tuve que trabajar muy duro desde la pequeña oficina de Tía Lui, desde la sala de reuniones de la casa de los jóvenes o en pequeñas oficinas que Ángel alquilaba y me cedía.

»No pienses que avanzar hasta tus metas va a ser un camino fácil, Ángel siempre utiliza la comparación del rosal, haciendo bromas con mi nombre. Cuando quieres coger una rosa, en ocasiones te encontrarás espinas que intentarán impedírtelo, que tendrás que evitar si quieres disfrutar del aroma y el encanto de la flor que deseas, pero si no eres capaz de correr el riesgo, o de llegar a pincharte incluso, jamás tendrás la flor en tu mano.

Alcanzar una meta es algo muy similar, una vez lo tienes claro, sabes a dónde te diriges y quieres alcanzarla, lo siguiente será comenzar, lanzarse a su búsqueda y atreverse a cometer errores, a darlo todo, a pincharte con las espinas si fuese necesario, porque sabes que el esfuerzo merecerá la pena, porque conoces el aroma de la flor.

»Ahora, tú también tienes establecidas tus metas, tus rosas que conseguir, y estas pueden cambiar tu vida, pero también pueden engañarte y hacerte pensar que una vez las tengas definidas, todo lo demás llegará solo, y nada más lejos de la realidad.

»Tras todos los planteamientos que te has hecho, tras los escritos y propuestas realizadas, viene lo más importante, lo que verdaderamente te hará avanzar y alcanzar tus objetivos, TU PLAN DE ACCIÓN.

»Debes tener un plan para llegar desde donde estás hasta donde quieres ir, siempre hay que actuar así. Ángel suele decir que él no vuelve a mirar la planificación inicial después de haberla elaborado, pero también que jamás hubiera alcanzando el éxito de no haber sido por ella. Y tiene razón, quizás una vez tengas delante de ti toda la planificación, todo el trabajo que realizar paso a paso, comiences y no tengas que volver a mirar los planes, porque todo marcha y simplemente vas modificando o creando nuevos planteamientos. Pero de inicio, si no decides por dónde comenzarás a actuar, cuáles serán las acciones que tomar, nunca llegarás a lograr nada.

"Los planes no sirvieron para nada, pero la planificación fue indispensable"

General D. Eisenhower

»Si te parece comenzaremos haciendo una lista de las acciones, ya sean grandes o pequeñas, que creas que debas dar para llegar a tu propósito, a tu objetivo principal definido.

»Tras estas, las tendrás que ordenar por orden de importancia y por secuencia de logro. Quiero decir que habrá acciones que no podrán llevarse a cabo mientras otras no se hayan dado antes, por ejemplo, si te planteas trabajar en una determinada empresa de publicidad, donde la selección de personal se hace mediante una dura entrevista individual, jamás podrás acceder a la entrevista ni al puesto de trabajo si antes no elaboraste y enviaste tu currículum. O si deseas convertirte en un referente en el mundo del arte, jamás lo lograrás si antes no comienzas a crear obras, por muy insignificantes que parezcan al principio, por muy poco alcance que tengas, si no das el primer paso jamás llegarás al segundo.

»Además, tendrás que colocar fechas a cada una de las acciones, no solo necesitas organizar, también planificar en el tiempo y hacer lo posible por cumplir los planes.

»Toni, nosotros amamos los planes, nos encantan, pero aún más nos gusta la flexibilidad de los mismos, jamás nos ha importado modificar lo planeado, cambiar las fechas establecidas, pero siempre tras responder a una única pregunta, ¿diste el cien por cien por conseguirlo?... Si lo hiciste y aun así no conseguiste tu objetivo, deberás modificar y continuar intentándolo, pero si compruebas que hubo cosas que podías haber hecho y no hiciste, tiempos no aprovechados correctamente, acciones que se concluyeron antes de tiempo y sin la suficiente atención, de tal modo que finalmente generaron un error, entonces debes parar y valorar realmente si lo que haces está alineado con tu propósito, si lo que te empuja a la acción no tiene la suficiente fuerza para hacerte dar el cien por cien en cada tarea, probablemente te esté llevando a donde no quieres ir.

»Pero cuidado, tu mente te va a engañar. En ocasiones cuando comienzas a salir de tu zona de confort te pondrá trabas, dificultades, te hará ver todo lo que puedes perder en tu afán por avanzar, porque, como sabes, a tu mente le gusta lo conocido, lo cómodo, pero ya has aprendido que los grandes logros solo se esconden más allá de tus miedos, fuera de tu zona de control, tras los caminos menos transitados, y eso a tu mente no le gusta, a nadie le gusta, pero solo las personas de éxito son capaces de darse cuenta de esto y ACTUAR pese a lo que su mente les diga, porque son capaces de ver más allá de la recompensa inmediata. Quedarte en tu casa una fría mañana de invierno en lugar de salir a correr es lo que le gusta a tu mente, pero sabes que realmente lo que te beneficia es salir y hacer deporte, ¿y lo haces?

—Desde que me enseñó Robert, sí.

—Y ha cambiado tu vida este acto.

—Sí, me siento mucho más ágil y más feliz conmigo mismo.

—Pero, ¿qué te decía tu mente los primeros días? Esos días donde tu cuerpo estaba habituado a levantarse mucho más tarde y no hacer actividad alguna.

—Ni te imaginas el trabajo que me supuso cambiar el hábito de fumarme dos cigarrillos y tomarme un café sentado en mi cocina viendo la televisión por el de salir a caminar con tan solo un zumo de limón en mi cuerpo.

—Cuánto me alegro, Toni, pues esa será la tarea para

mañana, la de listar cada una de las acciones que tendrás que llevar a cabo antes de alcanzar tu gran meta. Crea pequeñas metas, féchalas, concreta todos los detalles que puedas para cada una de ellas y, si lo deseas, no estaría mal que junto a cada una de ellas añadieras el premio que te darás por haberla logrado. Créeme, celebrar las victorias, por pequeñas que parezcan, te dará ilusión y fuerza para seguir adelante hacia el siguiente objetivo. Puedes celebrarlo de muy diversas formas, simplemente comerte el helado que hace tiempo decidiste reducir de tu dieta, puede ser un premio que te anime a buscar otros logros y celebraciones mayores... lo que desees. Te dejaré un par de fichas de las que solemos usar en nuestra programación habitualmente, te serán de utilidad.

»Mañana me gustaría revisar cada una de tus metas, así como el plan de acción que elabores, vamos a concretarlos de tal forma que en breve te lances a la acción, tu formación está a punto de acabar, con esto prácticamente tendrás el trabajo terminado.

»¿Qué te ha parecido este breve periodo junto a mí, Toni?

—¿Ya vamos a acabar? —pregunté con preocupación.

—Falta muy poco —me confirmó.

Respondí tras una pausa; llegaron a mi mente muchas dudas y preguntas, pero decidí dejarlas pasar y confiar...

—Ha sido el mejor de todos, siempre pensaba que la persona que viniera lo tendría muy difícil para superar la formación que había recibido de mi anterior mentor, pero cada uno la habéis superado a vuestra manera, con vuestro estilo lo habéis hecho único y me habéis ayudado en cosas tan distintas y complementarias que siempre he sentido la sensación de mejora y de crecimiento continuo. Con Robert descubrí tantas cosas y fue tan divertido que pensé que nada podría superarlo ni a él ni a las emociones vividas en Los Ángeles, pero luego llegó Tía Lui, que fue todo amor, dulzura y me permitió retomar mi tiempo perdido junto a ella, a la que tanto eché de menos. Además, junto a ella conocí a Wakanda y a su madre, que me han marcado. ¿Sabes? Aún tengo un mensaje por abrir, pero me pidió que lo hiciera en el mar y cuando trabajara el perdón, pero no sé a qué se refería, Tía Lui me dijo que lo haría aquí, junto a mi siguiente mentor, Tú, la mejor de todas. Cada día me he ido enamorando más y más de ti, de la Rosa que nunca llegué a conocer del todo, porque yo jamás lo quise hacer, de la mujer que el destino puso en mi camino, de la que pendía el otro extremo del hilo rojo de mi meñique… Cuánto te amo, Rosa.

Mientras le hablaba había dejado de mirarme a los ojos como hacía habitualmente, y con la cabeza baja ocultaba su rostro bajo el cabello. Tras mi silencio, al devolverme la mirada, pude comprobar que había lágrimas en sus ojos, pero su dulce sonrisa me impulsó a acercar mis labios a los suyos. Y la besé, nos besamos como hacía tanto que no hacíamos, y la abracé, queriendo hacer eterno aquel momento, sintiéndome uno con su alma, la estreché entre mis brazos como quise hacer cada día al verla, al despedirme o a cada momento que pasábamos juntos. Volvió a ser mía y yo suyo, volvimos a ser uno en nuestro amor… pero me despertó de aquel hermoso sueño separándose mientras entrelazaba sus manos con las mías, y mirándome a los ojos se despidió de nuevo… como cada día, cumpliendo con su palabra, con el trabajo ya planteado, volvió a ser Rosa, mi mentora.

—Estamos a punto de terminar, mañana nos volveremos a ver, espero que traigas todo preparado.

—Por supuesto… Te amo. —Me atreví a decirle mirándola

a los ojos, intentando que volviera a ser mi amada, pero sin conseguirlo. Soltó mis manos y se despidió con una suave caricia en mi mejilla.

—Hasta mañana, Toni… yo también te amo. —Y aunque ella se marchaba, yo continué allí, de pie, mirándola, como el adolescente al que besan por primera vez, como el enamorado que descubre que su amor es correspondido… Allí quedé, sintiéndome el hombre más afortunado del mundo.

Unos ejercicios para el éxito

"Mantente comprometido con tus decisiones, pero mantente flexible en tus estrategias"

Anthony Robbins

Plan de acción

Al igual que Toni, utiliza este modelo de programación para establecer tu plan de acción de cara al logro de tus metas.

Podrás usar una ficha para cada meta o, incluso, si alguna de las submetas fuese muy compleja, una ficha específica para ella.

Atrévete a adaptarlo, a incluir submetas dentro de otras submetas, o simplemente a crear una sencilla programación enfocada en una meta principal, pero da el paso y comienza a programar tu camino hacia el éxito, toma acción, **PLANIFICA TU ÉXITO.**

Planificador de Metas…

Meta :	Pasos intermedios *(Actividades semanales o diarias que desarrollar)*
¿Por qué? Detallar beneficios específicos:	¿Cómo? Detallar pasos específicos:
¿Qué? Declaración del objetivo que conseguir con esta meta:	
¿Cuándo?____ Comienza: ____ Finaliza:	
Submeta 1:	Pasos intermedios *(Actividades semanales o diarias que desarrollar)*
¿Por qué? Detallar beneficios específicos:	¿Cómo? Detallar pasos específicos:
¿Qué? Declaración del objetivo que conseguir con esta meta:	
¿Cuándo?____ Comienzo: ____ Final:	

"Establecer metas es el primer paso para convertir lo invisible en visible"

Anthony Robbins

CAPÍTULO 16

Cuando descubres que el perdón siempre estuvo llamando a tu puerta

"Deja de pensar en la vida y resuélvete a vivirla".

Paulo Coelho

No me fue fácil elaborar planes para cada una de las metas que me había propuesto, pero, al final, una vez pude ver todo el planteamiento al completo, me encantó ver todo el camino que tenía por delante. Me llenaba de ilusión el saber hacia dónde iba y qué tendría que hacer para lograrlo.

Rosa como siempre llegó puntual a su cita y me recibió como cada día, con el saludo formal que para mí significaban los dos besos en las mejillas, el saludo de dos amigos, de dos conocidos... Supe conformarme nuevamente y sentirme feliz con el simple hecho de poder estar a su lado nuevamente.

—¿Has podido terminarlo todo?

—Sí, claro, y me gusta mucho la planificación que me ha quedado.

—Pues genial, porque ahora vamos a darle una vuelta más y dejarlo todo aún más claro y atractivo si cabe. Lo revisaremos en mi oficina, tengo una reunión un poco más tarde, pero te podrás quedar trabajando allí mientras tanto. Hoy vas a aprender a utilizar mapas mentales, te ayudarán mucho, todo mi mundo es un inmenso *mind map*. ¿Los has usado alguna vez?

—No, no sé qué son, Rosa, nunca he oído hablar de ellos.

—Pues... solo es la manera que tengo de organizar toda mi vida, nada importante. —Y me miró sonriendo.

Caminábamos hacia la oficina y no podía dejar de mirarla, de nuevo su belleza, su vitalidad y energía me hacían sentir que era la mujer de mi vida y que no sabía cuánto tiempo más podría aguantar esta extraña situación de alumno de la mujer que más amaba y había amado nunca.

—Los mapas mentales te ayudan a agrupar y secuenciar conceptos, planes de acción y prácticamente todo lo que se te ocurra que puedas dividir en fases y que necesite de una organización lógica. Me ayudan a tener en una sola imagen todo lo que debo lograr en cada proceso. Casi todos mis trabajos llevan detrás un mapa mental. Al llegar a la oficina podrás ver algunos de ellos.

—¿En qué trabajas, Rosa? Realmente no lo sé. —Me miró y sonrió, comprendí entonces que había tardado mucho en hacerle esta pregunta, y más aún cuando me respondió.

—Pues soy Gerente administrativa de la asociación para jóvenes de Tía Lui y CEO de una empresa de *coaching* ejecutivo que trabaja exclusivamente para tu hermano. Él se encarga de proporcionarnos cursos y clientes por todo el mundo, yo solo me limito a organizar las formaciones y las sesiones de trabajo con las empresas. Somos unos diez *coach* los que trabajamos en mi empresa.

—¿Cómo? —No podía creer que fuese cierto lo que me decía. Había estado casi un año viviendo conmigo y jamás me dijo nada, simplemente que parte del trabajo que realizaba en España aún lo podía desarrollar vía web, ya que simplemente era coordinar formaciones y conferencias que yo siempre pensé que se daban en España y que ella era simplemente una especie de secretaria o telefonista, responsable de la logística de los eventos. Me avergoncé al descubrir que nunca me interesé realmente por su profesión y que llegué a pensar que ella prácticamente no trabajaba, ya que solo se limitaba a atender llamadas y trabajar con su ordenador algunas horas al día.

—Sí, he retomado mi vida y mis funciones, cuando vivimos en Nueva York dejé la gerencia de la asociación y delegué parte de mis funciones en mi empresa. Me tomé mi traslado como una excedencia para formarme y me dediqué en gran medida a estudiar y leer, solo necesitaba trabajar dos o tres horas al día, dejé todo en buenas manos. Me bastaba con estar aquí unos días una vez al mes, como así hacía.

—Pero nunca me dijiste nada, no fuiste sincera.

—¿Tú me preguntaste? Nunca te mentí, te lo prometo. Siempre te dije lo que hacía, excepto que venía a España a ver a mi familia en la misma proporción que a tratar mis asuntos empresariales, pero eso a ti no te importaba.

—Tienes razón, pensé que habías dejado tu trabajo por mí y eso me hacía sentir mal, evitaba hablar de ello para no hacerte daño y no recordar lo que habías dejado por mi culpa. He descubierto que jamás me entregué en cuerpo y alma en ninguna relación, ni siquiera en la nuestra, y eres la mujer que más he amado y aún sigo amando.

»Siempre he sido muy egoísta, solo tú lograste que hiciera algunos cambios en mi forma de ser, incluso fui capaz de entregarme mucho más de lo que antes había hecho, pero, aun así, no fui capaz de descubrir ni si quiera que dormía junto a una gran empresaria, aquello que tanto yo había soñado ser.

»Odiaba tanto mi pasado que no me permitía disfrutar del presente y del hermoso futuro que me esperaba a tu lado, preocupado únicamente por olvidar todo lo que fui, enojado conmigo mismo por tantos y tantos errores.

—Te das cuenta de cuánto debes perdonar, de cuánto debes dejar atrás para poder llegar a donde quieres llegar. Debes soltar ese lastre que te frena y que se llama pasado y descubrir un nuevo mundo de oportunidades junto a tus seres queridos, aquellos que diste de lado, pero que te esperan con los brazos abiertos, junto a la mujer a la que amas.

»Pide perdón y perdona de corazón, solo el perdón te hará libre y te dará las alas que necesitas para alcanzar la vida que siempre mereciste, pero de la que nunca te viste merecedor.

—Sí, fue eso lo que me dijo la chamana en Nueva York, que debía perdonar, pero no sé cómo, no sé qué debo hacer.

—Será esa tu próxima y última tarea junto a mí, Toni, la carta del perdón.

»Hoy piensa en las personas que tienen algo que perdonarte, escribe una lista con sus nombres y qué fue aquello que hiciste o les hiciste por lo que deberías pedirles perdón. Tras esto, escríbeles una carta a cada uno de ellos, mostrándoles tus disculpas más sinceras, demuéstrales tu arrepentimiento, atreviéndote a pedirles perdón por el daño causado. Mañana decidiremos si enviar esas cartas o entregarlas al mar tal y como te dijo aquella sabia india en Nueva York, pero tu arrepentimiento y tu perdón sincero ya estará dado. Y, en tu interior, esa herida emocional habrá cerrado.

»Si crees que alguna de esas cartas puede salvar o recuperar una relación familiar o de amistad y te gustaría intentarlo, mucho mejor, enviaremos esa carta o citaremos a esa persona en otro momento y ofrecerás tu perdón cara a cara tal y como lo recogiste en la carta. Si no mereciera la pena enviarla o fuese imposible entregar el perdón, sanarás el daño que aún guardas reconociendo tu error y sabiendo que el Toni que hizo aquello no es el que hoy se arrepiente de lo sucedido y, por esto, no debes guardar más remordimientos ni sentimientos de culpa, pide perdón y olvida.

"El perdón es para ti porque te libera. Te permite salir de la prisión en la que estás".

Louise Hay

»Tras esto llega el momento de perdonar. De la misma forma, quizás tengas motivos para guardar rencor a personas que a lo largo de tu vida te fallaron, te hicieron daño y no se portaron lo bien que esperabas de ellos. Tú jamás les perdonaste aquello que hicieron o, si lo hiciste, en el fondo de tu corazón sabes que esa herida aún duele cuando la recuerdas y que el perdón que quizás ofreciste en su momento no fue sincero. Pues ha llegado el momento de cerrar heridas definitivamente, de sellar el daño recibido en el pasado con un perdón verdadero, reconociendo el error en la otra persona como humanos imperfectos que somos, sabiendo que eres tú quien más sufre por guardar rencor y que de nada sirve continuar con esa brecha de dolor en tu alma. Entrega tu perdón sin esperar nada a cambio, escribe cuantas cartas de perdón necesites escribir, pero perdona todo el daño causado y descubrirás que al perdonarles a ellos te estarás perdonando a ti mismo, ya que el dolor por lo sucedido aún está en ti y eres tú, y solo tú, quien, por suerte, puede decidir sanar tu alma, olvidando el daño recibido, recibiéndolo como una enseñanza de vida, como parte de tu partida, la que ya sabes que viniste a jugar y que nadie pude hacer por ti. La partida que te ha tocado en este juego de la vida y que, como ya has descubierto, te va ofreciendo situaciones que te permiten continuar en tu proceso de crecimiento y que, tras estas, son tus decisiones y tus acciones las que determinan tus resultados. Ahora ya lo sabes, busca aquello que te enseñó, aquello que vino a mostrarte el daño que la otra persona te causó y, tanto si lo hallas como si no, decide hoy dejarlo ir, perdonar y entregarlo al mar, para que la herida quede sellada para siempre.

»Y hay una última carta que deberás escribir aparte, la más importante.

»No sé gran cosa de la relación que mantenías con tus padres, nunca hablé de ello con Ángel y mucho menos contigo, pero, por la edad a la que sucedió todo, ya tendrías vivencias con tu padre y con tu madre que te permitirán saber qué debes perdonarles y qué deberían ellos perdonarte a ti. Por eso es muy importante que te pares a pensar en ellos, descubras qué sentimientos de rencor o qué necesidad de perdón guardas en tu corazón y escríbeles a ambos. Primero a uno y luego a otro, es tu decisión, pero hazlo ofreciendo tu más profunda sinceridad en el escrito, tanto perdonándoles como pidiéndoles perdón en el mismo.

»Te recuerdo que todos los seres humanos venimos a aprender en este plano y que algunos, a lo largo de la partida, vamos aprendiendo determinadas reglas, reglas que otros jamás llegan a conocer y les hace cometer errores, actuar de cierta manera, no porque quieran hacer daño, sino en la mayoría de las ocasiones por temor. Es el miedo el que hace al ser humano actuar de manera incorrecta el noventa por ciento de las veces. Descubriste ya con Ángel que todos actuamos de dos formas, por AMOR o por MIEDO, y que es este último el que nos lleva a cometer nuestros mayores errores. Por ello piensa que todo el daño que te hayan causado tus padres, o cualquier ser humano, lo hicieron por algunas de estas razones: o por desconocer las reglas o por actuar desde el miedo.

»Ha llegado el momento de que seas consciente de esto y entregues tu perdón, con él no solo cicatrizarás las heridas del pasado, sino que sanarás tu alma para siempre, permitiéndote avanzar en el juego de la vida sin esa pesada carga que consciente o inconscientemente llevas a tus espaldas.

»**Pide perdón y perdona**, quizás sea esta la tarea más difícil de todas las que te hemos puesto hasta ahora, pero como ya te dijeron en Nueva York, sin ella nada de lo que hemos trabajado profundizará en ti como lo hará a raíz de que sanes las heridas del pasado.

»Pedí a Ángel que fuera yo quien trabajara contigo esto, y todos coincidimos en que debías terminar tu programación hacia el éxito con esta tarea, sanando tu alma con tus seres queridos. Dime las dudas que te plantea, pregúntame cuánto quieras, porque ya no volveremos a vernos hasta mañana en la noche. Te esperaré en la cala a eso de las doce, cuando apenas hay gente paseando, cuando solo las olas y la luna sean testigo de lo que allí decidas hacer con tu vida, con tu pasado..., con tu futuro...

—Es verdad que jamás te hablé de ellos. Como ya te he dicho, evitaba cualquier recuerdo del pasado porque siempre me hizo daño, mi pasado siempre ha estado ahí recordándome quién fui y cuántos errores cometí, por eso prefería no recordar, para evitar sufrir. No te imaginas cuánto he llorado en este último mes tan solo recordando, lo que hice, lo que fui... pero me ha ayudado tanto, que estoy convencido de que es esto lo que necesito, comprendo ahora qué es el perdón y qué puede llegar a significar en mi vida.

»Hay algo que jamás hablé con nadie, nunca, y creo que será la primera carta que escriba. Sé que la de mis padres será la más importante, pero este perdón que, si me permites me gustaría contarte ahora, es el que más me ha ahogado siempre, el que nunca pude quitarme de mi mente y el que más daño me hizo cada vez que caí en manos de las drogas, porque al despertar me descubría repitiendo el patrón del ser al que más había odiado y odiaba en mi vida.

»Mis padres murieron en un accidente de tráfico, regresando de Barcelona, un conductor borracho invadió su carril y los arrolló, murieron los tres en el accidente.

»Siempre les reproché el haber viajado a Barcelona aquella tarde cuando me habían prometido que iríamos a la mañana siguiente como parte de mi regalo de cumpleaños, no sé por qué cambiaron de planes, pero sí sé que quien acabó con sus vidas era un tipo de cuarenta años que un viernes, tras salir de trabajar, acabó emborrachándose y atreviéndose a conducir hacia el fin de sus días, llevándose por delante dos vidas que aún tenían mucho que ofrecer, mucho que entregar, sobre todo a mí, que en mi ansia por vivir jamás comprendí por qué y no paré de preguntármelo nunca... Por qué tuvieron que morir, por qué ese hijo de puta borracho tuvo que coger el coche aquella tarde, por qué ellos viajaron a Barcelona, por qué Dios permitió eso, por qué, por qué, por qué...

»Una lágrima comenzó a recorrer mi mejilla, pero continué hablando, continué abriendo mi corazón...

»Más tarde me descubrí haciendo lo mismo que aquel borracho que mató a mis padres. Cada viernes me pasaba bebiendo cervezas, y muchos de ellos llegando incluso a conducir borracho hasta casa, odiándome al día siguiente por haberlo hecho, reavivando mi rencor hacia él, pero sin encontrar otra forma de dar sentido a mi vida.

»Cada sábado volvía a recordar que hacía ya muchos años un tipo como yo destrozó mi vida.

»Me costará mucho escribir esta carta, pero lo haré, creo que ya estoy preparado, estoy preparado, es lo correcto, y lo haré.

—Muy buena corrección, Toni, no esperamos menos. Te dejo, como te he dicho nos veremos mañana en la cala, buen trabajo.

Y por primera vez desde nuestro reencuentro, Rosa tomó la iniciativa y se acercó a besarme en nuestra despedida diaria... El contacto de su piel erizó cada uno de los vellos de mi cuerpo y me recordó que era ella la mujer de mi vida.

Unos ejercicios para el éxito

ESCRIBIR LA CARTA DEL PERDÓN

Será este el final de tu programación para el éxito, al igual que para Toni, solo podrás romper con tu pasado, con tu actual programación, si eres capaz de sanar tu alma con el perdón, entregando y pidiendo tu perdón. Solo así realmente te liberas del peso que te impide avanzar a la velocidad que deseas hacia tu éxito.

No lo dejes para otro momento, HOY coge papel y bolígrafo y crea tu carta del perdón, tus cartas del perdón, las que sean necesarias, pero sana tu alma entregando tu perdón o tus disculpas. Rosa lo ha explicado muy claramente, ya sabes por qué es tan importante, ahora te toca a ti, no lo dejes, y muy especialmente si la relación que has de sanar es con tus progenitores. No te imaginas cómo puede cambiar tu vida cuando comprendes y perdonas a tus padres, jamás llegarás al éxito verdadero si no perdonaste a papá o a mamá… No lo dejes para otro momento, quizás esta carta sea el principio de tu éxito…

Y una vez la hayas escrito, entrégala a su destinatario o al fuego eterno, haz aquello que te libere para siempre.

"Acepta la responsabilidad de tu vida. Date cuenta de que tú eres quien va a llegar a donde quieres ir, nadie más".

Les Brown

CAPÍTULO 17

La primavera siempre sigue al invierno, da igual lo duro que este haya sido...

"El acto de plantar durante las cálidas brisas de la primavera requiere que ejerzamos esta dolorosa disciplina, porque si no lo hacemos, estaremos asegurando que, en el próximo otoño, experimentaremos el mayor dolor del arrepentimiento. La diferencia es que el valor de la disciplina pesa gramos y el del arrepentimiento toneladas".

Jim Rohn

La primera carta comencé a escribirla en la cala, a las siete de la mañana, acompañado solo de los primeros rayos de sol y por algunos veraneantes que disfrutaban de la soledad de la playa en aquella época de bullicio y gentío en el pueblo. Pero descubrí que necesitaba una mayor intimidad, dado que tenía que interiorizar mucho y ahondar en mis sentimientos antes de escribir cada una de las palabras, así que decidí continuar en casa, y fue allí, en la cocina, en aquella improvisada sala de reuniones de mi familia, donde pedí perdón y perdoné con la única compañía de la carta de mis padres.

Volví a recordar muchos de los momentos más duros de mi vida, a revivir situaciones emotivas y dolorosas que me hicieron llorar hasta sentir que no tenía lágrimas en mi cuerpo, pero tras cada carta, tras cada escrito, la sensación de libertad y de paz que sentía me animaba a continuar, hasta que acabé mi lista y leí la última línea: Papá y mamá.

Fueron cartas muy duras las de mis padres, pero también lo pasé mal pidiendo perdón a Nick a la vez que le perdonaba por todo lo que había hecho con mi negocio, con su mejor amigo, conmigo. Descubrí en mi escrito que gran parte de la culpa la tuve yo, que solo era cuestión de tiempo que todo se desplomara, ya que dejé muchos aspectos desatendidos, y sobre todo, porque yo no estaba preparado para ese tipo de éxito, no era la persona que debía ser para tener lo que tenía, y simplemente todo volvió a equilibrarse, actuó la ley del equilibrio y yo caí de uno de los lados de la balanza.

Escribí y perdoné también al conductor borracho. No me fue difícil encontrarle una justificación, yo mismo, años después, copié su conducta durante mucho tiempo. Quizás su vida tampoco era lo que él esperaba, quizás había descubierto que el alcohol le ayudaba a olvidar y nunca pensó en las consecuencias, solo en él y la mierda de vida que le había tocado vivir… lo comprendía perfectamente, yo también podía haber matado a mis padres…

Pasé horas escribiendo, una tras otra fueron regresando a mi vida aquellas personas a las que alguna vez hice daño. Pedí perdón y fui perdonando a todos, algunas fueron cartas extensas, otras muy breves, pero al acabar sentí que me había desprendido de un gran peso, de esa pesada mochila que un día mis padres en su Carta me dijeron que debía soltar, y gracias a mi hermano y ahora a Rosa había conseguido desprenderme o al menos hacerla más liviana.

Poco antes de las once de la noche ya había llegado a la cala, faltaba mucho aún para la hora de nuestra cita, pero no podía estar más tiempo en casa, estas tardes de soledad y retiro en mi propia casa me habían hecho reflexionar y pensar aún más en mi vida, en lo que fui, en lo que era, pero sobre todo en lo que iba a llegar a ser...

Alguien me despertó tocando mi hombro, era Rosa. Me había dormido mientras esperaba. El silencio de la noche, la tranquilidad del trabajo realizado y el sonido de las olas me habían llevado a un estado de paz interior y tranquilidad que hacía mucho tiempo que no alcanzaba. Tuve la sensación de haber dormido durante toda una noche... y al despertar pensé que seguía soñando...

—Rosa, cuántas ganas tenía de volverte a ver.

—Te has dormido, ¿llevas mucho tiempo aquí?

—Siento que nunca me fui... Me gusta tanto estar aquí y tengo tantas ganas de ver a Ángel y a Tía Lui de nuevo.

—Pronto los verás, ¿has traído las cartas?

—Sí, son unas cuantas, aquí están. —Las saqué de mi mochila y se las entregué.

—Mucho mejor, es importante que hayas sido sincero contigo mismo y no hayas dejado nada por hacer, ahora iremos nombrando a cada destinatario y tú decidirás si enviaremos esa carta para que la persona la reciba o la dejaremos ir, enviando a las nubes tu perdón, grabándolo en tu corazón.

Tras esto, sacó un pequeño plato metálico de su bolso, colocó sobre él unas pastillas de alcohol y les prendió fuego.

—¿Te recuerdo a alguien? —me preguntó sonriendo.

—Sí, acabas de convertirte en una chamana —bromeé yo también.

Y de esta forma, Rosa me fue pidiendo que quemase cada una de las cartas que no pensaba enviar, mientras repetía la misma frase que ella me dictaba.

—Nick, acepta mi perdón, todo pasó y el tiempo nunca regresa, desde hoy, nuestras almas viven en paz.

—Valeria, acepta mi perdón, todo pasó y el tiempo nunca regresa, desde hoy, nuestras almas viven en paz.

—Conductor, acepta mi perdón…

Decidí no enviar ninguna, quemarlas todas y empezar una nueva vida, con un corazón en paz, con la seguridad de que todo daño estaba sanado ya, porque el Toni que lo causó ya no estaba, porque al Toni al que hirieron ya no vivía.

Rosa dejó para el final las cartas de mis padres, pero me pidió que no las quemara.

—Rosa, también traje el pergamino que Wakanda escribió para mí. Me dijo que solo lo abriera cuando hubiésemos venido al mar a trabajar el perdón, ¿puedo abrirlo ya? Me muero de ganas por conocer lo que escribió esa mujer sin saber siquiera mi nombre.

—Sí, si quieres puedes hacerlo ahora, puede que te ayude a cerrar el círculo antes de entrar en la parte más compleja de tu perdón.

Saqué el pequeño escrito y lo leí en voz alta:

> Sin perdón no hay libertad, sin perdón no hay luz, sin perdón tus ángeles no estarán a tu lado, porque solo los hombres de corazón puro descubren a sus ángeles en la orilla, y cuando lo hacen, estos los acompañan hasta las nubes.
>
> Wakanda

Volví a leerlo de nuevo, esta vez solo para mí, parándome en cada frase, intentando encontrar significado, pero no logré hacerlo... Rosa me interrumpió.

—Creó que, tal como te dijo, lo entenderás al final, solo cuando hayamos acabado... —Entonces se levantó y colocó una toalla frente a mí, entre el mar y yo. Y comenzó a hablar...

—Toni, vamos a expresar con palabras muchas de las cosas que has escrito en las cartas a tus padres, te pido que te conectes ahora con tu escrito, coge uno de ellos y, sin abrirlo, cierra los ojos y recuerda todo lo que has escrito. Respira profundamente, inspira, conéctate con todo lo que ahí has expuesto, y piensa ahora que, frente a ti, en la toalla que acabo de colocar, tienes a tu ser querido, dispuesto, dispuesta, a escucharte, imagínalo, dime qué ves, describe su imagen...

Cogí la carta que escribí a mi madre...

—Veo a mi madre..., tan guapa como siempre, tiene el cabello ondulado, suelto, me mira con su dulce mirada y sonríe, está sentada con las piernas cruzadas.

Entonces, tras mi silencio, Rosa continuó.

—Pues está ahí, con su cabello ondulado, sus ojos azules, mirándote, dispuesta a escucharte, a sentir todo lo que tengas que decirle en primera persona, háblale directamente a ella, exprésale todo lo que tienes que decirle, todo lo que has escrito y aquello que ahora, en este momento, al tenerla frente a ti, pueda sugerirte, aprovecha el momento, te escucha...

—Hola, mamá... —Comencé a hablarle y, poco a poco, a llorar como un niño sintiendo su presencia. Le conté todo lo que sentí aquel día, todo lo que la eché de menos en Madrid, en las frías noches del internado, en mis duros días de soledad... de huida hacia ninguna parte… No le pedí perdón, pero sí le pregunté por qué, y esta vez, por fin, sí tuve respuesta…

—Muy bien, Toni. Ahora, sin abrir los ojos, vas a sentarte en la toalla que está frente a ti. —Rosa me animó a actuar tras guardar un momento de silencio, cuando percibió que había acabado.

Me senté en la toalla donde hacía un momento había visualizado a mi madre, y entonces Rosa volvió a hablarme.

—Ahora vas a ocupar el lugar de tu mamá, respira profundamente, suelta la carta y ponte en su lugar. Siéntete en el papel de esta persona que hace un momento estaba ahí sentada, sonriendo con una dulce mirada, y que ahora tiene a su hijo en frente, que acaba de oír de él, de la persona que más ama, todas las preguntas y sentimientos que este aún no le había dicho, y contéstale, responde a Toni aquello que tú, como madre, quieras decirle… Respira profundamente y háblale…

—Toni… —Y mágicamente comencé a hablar sintiendo que quien lo hacía era mi madre, escuchando incluso en ocasiones su timbre de voz dentro de mí—. Ese día fuimos a Barcelona a recoger tu regalo y el de tu hermano, eran los billetes del viaje a Estados Unidos que haríamos ese verano, era nuestra sorpresa de cumpleaños, por eso no quisimos que nos acompañarais. —Y ella también comenzó a llorar—. Además, aquella noche no te dejamos solo, te dejamos en las mejores manos, pero tú decidiste elegir otro camino. De todas formas, siempre hemos estado contigo, a tu lado, y ahora, con Tía Lui y tu hermano, estaremos más cerca que nunca… —Y así mamá me fue dando, una tras otra, explicaciones, respuestas y consuelo a la mayoría de mis reproches y cuestiones, hasta que ya sin lágrimas en los ojos dejó de hablar.

Rosa cogió mi mano y me habló.

—Muy bien, respira profundamente, continúa con los ojos cerrados y vuelve a tu sitio, Toni.

»Recupera tu ser, vuelves a ser Toni, que acaba de escuchar a su madre dándole respuesta a todas sus dudas, a todo lo que le has planteado, y ahora, de nuevo, la tienes delante de ti, exprésale lo que sientes tras haberla oído, dile aquello que desees decirle tras lo que te ha comentado, aprovecha esta oportunidad.

—Gracias, mamá, no sabes cuánto lo siento, no haber podido comprender ni valorar lo sucedido, entiendo tantas cosas ahora, PERDÓNAME... —Y así, sintiendo a mi madre frente a mí, fui capaz, por fin, de pedirle perdón... y hablar con ella como siempre quise hacerlo tras aquella trágica noche de mi cumpleaños...

Tras esto Rosa me pidió que abriera los ojos y me animó a dar un paseo bajos las estrellas, por la orilla de nuestra cala, en silencio, simplemente sintiendo, reflexionando, encajando tantas emociones... porque aún quedaba papá...

***

Repetimos la escena en la misma forma, con las mismas fases, pero esta vez la carta que cogí en mis manos, la voz que sentí en mi interior, era la de mi padre, que me contó cómo, junto a mamá, escribió la carta, que esa noche pensaban decirme que ya me permitirían regresar a casa a las doce, al igual que Rosa y otros amigos, que siempre me acompañó desde las nubes, como bien me indicó Wakanda. También me recordó que no debía olvidar la frase que tanto nos repetía, y lo más sorprendente, que cuidara de Ángel...

También pedí perdón a mi padre y, tras acabar, una paz interior recorrió todo mi cuerpo.

Rosa volvió a coger mi mano.

—Respira profundamente, Toni, despídete de él, se tiene que marchar, despídete y poco a poco abre los ojos y vuelve a tu consciencia.

Y del mismo modo que antes dije adiós a mi madre ahora me despedí de mi padre.

—Adiós, papá, gracias por todo, te quiero... te quiero.

—Tras estas palabras poco a poco fui abriendo los ojos. Reflexioné sobre todos los sentimientos y emociones vividas y comprobé que a mi lado no estaba Rosa, que paseaba a solas nuevamente junto a la orilla. Tras unos minutos asimilando todo lo vivido, me levanté y fui a en su búsqueda.

—¿Cómo te sientes? —me preguntó al llegar a su lado.

—Bien, muy bien, ha sido una experiencia muy emotiva y me ha ayudado muchísimo. Gracias, de verdad, me siento tan bien ahora, he podido comprender tantas cosas...

—Muy bien, Toni, no sabes cuánto me alegro, ya casi hemos terminado.

—Ah, ¿aún hay más? —No podía creer que después de aquello aún nos quedara algo por hacer, faltaba poco para que amaneciera, en casa mi despertador estaría a punto de sonar indicando que debía levantarme, sin embargo, no tenía ni la más mínima sensación de sueño.

—Sí, primero quemaremos las cartas de tus padres y luego veremos algo muy importante también, porque has perdonado mucho, has pedido perdón, pero ¿y a ti? ¿Te has perdonado? ¿Te has pedido perdón? ¿Te has escrito una carta a ti mismo para perdonar el daño que te has hecho durante todo este tiempo?

—No, no sabía que tenía que hacerlo.

—No, no te lo dije, pero esperaba que lo hicieras, que lo descubrieras por ti mismo, que sintieras la necesidad. Ahora que sabes que es posible, ¿crees que podrás hacerlo? ¿Crees que podrás perdonarte? ¿Crees que hay cosas que perdonar de ti hacia ti mismo?

—Sí claro, he cometido muchos errores, lo sabes.

—Pues no hace falta que tengamos escrita una carta. Vayamos allí de nuevo.

Rosa colocó esta vez la toalla a mi derecha, y de nuevo ella no se sentó ahí, volvió a su lugar y esa toalla quedó vacía.

—Toni, ha llegado el momento de perdonarte a ti mismo, de darte el perdón por todos y cada uno de los errores cometidos, de sacarlos a la luz, reconocerlos y perdonarte porque fueron fruto de otro momento de tu vida, fueron parte de tu pasado donde no supiste ni pudiste hacerlo de otro modo, y por eso ya no tienen significado para ti. De nada vale ocultarlos, de nada vale guardarles rencor, llegaron a tu vida para hacerte crecer y ahora toca dejarlos ir.

»Ahora, cuando estés preparado, cerrarás los ojos nuevamente y dirigiéndote a ti mismo como si estuvieras junto a ti te pedirás perdón por todo el daño que te has causado, por todas las acciones que aún no has perdonado de ti mismo hacia ti o hacia otros. Perdónate por cada error, por cada acción equivocada, por cada emoción negativa que aún guardes en tu corazón, ahonda en lo más profundo de tu ser y perdónate.

»Cuando lo desees y sin abrir tus ojos extenderás tus manos hacia tu derecha, y ahí estarás tú, date las manos y expresa todo lo que deseas, perdónate y acepta tu perdón.

—Muy bien, así lo haré. —No entendí muy bien lo que quería decir al pedirme que extendiera las manos y ahí estaría yo, pero así lo hice, y cuando comencé a hablar, a pedir perdón por mis errores, extendí mis manos, sin abrir los ojos, sin dejar de hablar. Las manos de Rosa vinieron a agarrarme, no recordaba su tacto, pero decidí dejarme ir, pensar que era a mí a quien agarraba, que era yo mismo quien escuchaba mi perdón, y continué, no sé por cuanto tiempo, no sé por cuántas lágrimas, pero me pedí perdón por cada uno de mis actos, por cada uno de mis errores del pasado, tal y como me había pedido Rosa. Y al tiempo que el dolor del recuerdo llegaba a mi corazón, la paz y la serenidad invadían mi alma, y cuando sentí que ya nada quedaba, solo amor y gratitud, decidí abrir los ojos, dando gracias. Gracias a mí mismo, a la vida y a Rosa por sostener mis manos, por permitirme realizar esa hermosa representación. Pero cuando abrí los ojos descubrí que, frente a mí, agarrando mis manos, no estaba Rosa, ¡estaba yo!

Sobresaltado solté las manos y entonces supe que era Ángel quien durante todo este tiempo había estado al otro lado, quien había escuchado todo mi perdón, y no pude más que darle un abrazo.

Y volver a llorar en su hombro.

—Toni, hoy has vuelto a nacer, has terminado tu proceso de transformación, tu programación hacia el éxito está grabada a fuego en tu corazón, en tu alma; solo tienes que terminar de sellarla tal y como te pidió Wakanda, vamos, las olas te esperan, acaba lo que empezaste, hermano.

Miré al mar y, sin dudarlo, me quité la camiseta y caminé hacia la orilla. Los primeros rayos de sol asomaban por el horizonte e iluminaban mi camino sobre el mar en calma, me sentí rejuvenecer cuando las primeras olas tocaron mis pies y, decidido, corrí hasta zambullirme en aquel mar que me vio crecer, el lugar en el que descansaba mi alma, donde volví a nacer a mis cuarenta y cinco años, una vida nueva comenzaba con aquel baño, en aquel amanecer... Lo podía sentir, y esto me hizo nadar mar adentro hasta que mis pies ya no tocaban fondo, hasta llegar a las primeras embarcaciones que aguardaban fuera de la zona de baño.

Agradecí a Dios, como me enseñaron mis padres y Ángel, al universo, como me enseñó Robert, y a las nubes, como me enseñó Wakanda, que mi vida fuera tan distinta por fin, que pudiera mirarla sonriendo, con la certeza de que ella ya lo hacía para mí... y comencé a nadar de regreso.

Conforme fui avanzando, la belleza de las primeras luces rojizas despejando la oscuridad de la noche me permitieron distinguir a más personas junto a Rosa y a Ángel. Nadé un poco más, hasta la zona próxima a la orilla, y me incorporé apartando el agua de mis ojos para descubrir quiénes eran. Dos personas más los acompañaban, las distinguí rápidamente. Ahí, frente a mí, esperándome, se mostraban las cuatro almas que habían transformado mi vida, los cuatro ángeles que el destino puso en mi camino, Robert, Tía Lui, Rosa y Ángel... quienes, desde aquel día, compartirían conmigo mi viaje hasta las nubes...

Comencé a llorar de emoción, ahora sí, la vida me sonreía...

FIN

Y ahora qué...

La historia continúa, la vida de los protagonistas toma un nuevo y definitivo rumbo en la tercera parte de esta Trilogía del Éxito.

Atrévete, crea tu éxito es una llamada a la acción, a la búsqueda de tu propósito y a la creación de tu propio éxito profesional.

Toda historia se compone de una introducción, un nudo y un desenlace, ¿creías que esta sería distinta?... ¿Te lo vas perder?...

Descubre el DESENLACE de esta apasionante novela dividida en tres lecciones: leyes, programación y ACCIÓN.

Tu éxito te espera, ¡atrévete a crearlo!

Cómo continuar tu camino hacia una vida de éxito...

Si te ha gustado "Prográmate para el éxito" y quieres CONTINUAR profundizando en los principios que recoge y avanzar en tu aprendizaje de vida y crecimiento personal, descubre mucho más lanzándote a la lectura de LA TRILOGÍA DEL ÉXITO, con el volumen tres, "Atrévete, ¡crea tu éxito!".

Descubre mucho más en:
www.atrevetecreatuexito.com

Y si quieres tener una SESIÓN DE COACHING PARA EL ÉXITO conmigo, sube a Facebook / Instagram una foto o video tuya junto a uno de los libros de la trilogía, realiza un pequeño comentario de valoración y envía el enlace a:

testimonios@lacartadelexito.com

Concertaremos unas sesión de coaching online donde podremos dialogar sobre aquellos aspectos de tu vida que desees mejorar...

Te mereces una vida de éxito, si aún no la has alcanzado, estás a tiempo de cambiar tu programación y lograr la vida que deseas.

Quizás tu pasado no fue lo que esperabas, probablemente tu futuro no sea prometedor, pero eso no debe preocuparte, porque tu cambio comienza hoy, el ahora es lo que importa, tu presente cambiará tu futuro...

PROGRÁMATE PARA EL ÉXITO, AHORA ES TU MOMENTO

www.cristobalperez.es

Índice

Tras la puerta... 15

PRIMERA PARTE. LOS ÁNGELES, ESTADOS UNIDOS
CAPÍTULO 1
Robert. 21

CAPÍTULO 2
Siempre quise ir a un campamento de verano en L. A. . . . 25

CAPÍTULO 3
La definición... 31

CAPÍTULO 4
La búsqueda de tu propósito, la ley del dharma. 45

CAPÍTULO 5
El paseo a mi obituario. 57

CAPÍTULO 6
La importancia de un propósito 65

CAPÍTULO 7
El valor de tus valores... 85

CAPÍTULO 8

Metas, claras y específicas 105

CAPÍTULO 9

Cuidas tus mañanas, te conviertes en lo que
piensas la mayor parte ellas. 125

SEGUNDA PARTE. NUEVA YORK, ESTADOS UNIDOS

CAPÍTULO 10

Tú solo vales para lo que te propongas 145

CAPÍTULO 11

Hija de Dios (Wakanda) 167

CAPÍTULO 12

Querido yo, estoy tan contento de todo lo que
hiciste y que aún no he podido ver. 195

TERCERA PARTE. BARCELONA, ESPAÑA

CAPÍTULO 13

El reencuentro... 211

CAPÍTULO 14

Yo soy éxito y alcanzo lo que me propongo. 219

CAPÍTULO 15

La acción planificada es el único de los caminos
que lleva al éxito. 245

CAPÍTULO 16

Cuando descubres que el perdón siempre estuvo
llamando a tu puerta. 255

CAPÍTULO 17

La primavera siempre sigue al invierno, da igual lo duro que este haya sido... 267

www.ingramcontent.com/pod-product-compliance
Lightning Source LLC
Chambersburg PA
CBHW031620160426
43196CB00006B/217